DER MENSCH

© VEMAG Verlags- und Medien Aktiengesellschaft, Köln
Gesamtherstellung: VEMAG Verlags- und Medien Aktiengesellschaft, Köln
Alle Rechte vorbehalten
ISBN 3-8299-4120-X

Umsetzung: Thema media GmbH unter Mitwirkung der Autoren
Gisela Finke
Ursula Schweizer
Bernhard Wiedemann

DER MENSCH

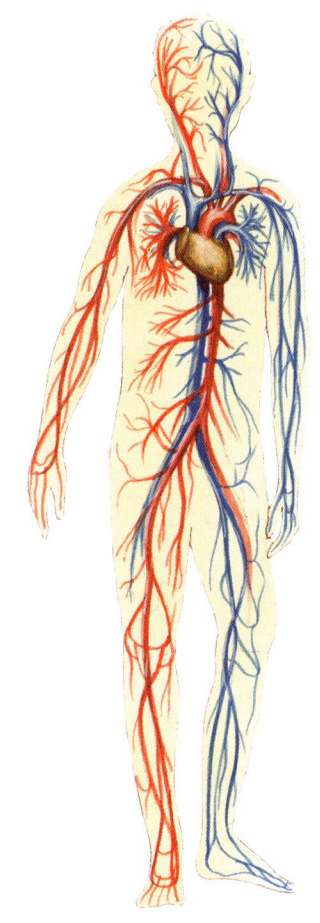

INHALT

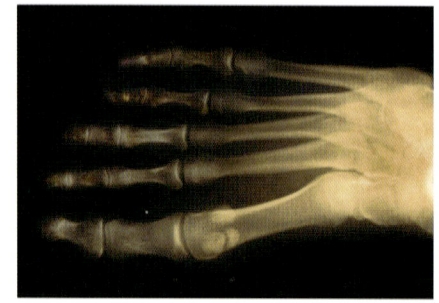
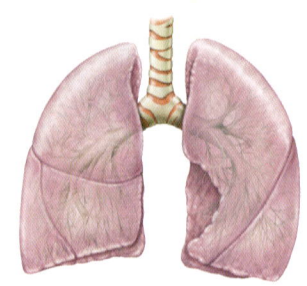
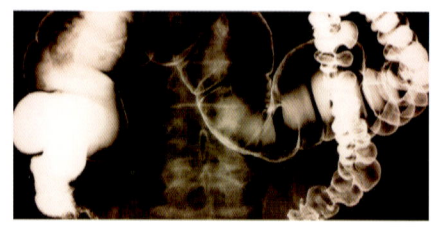

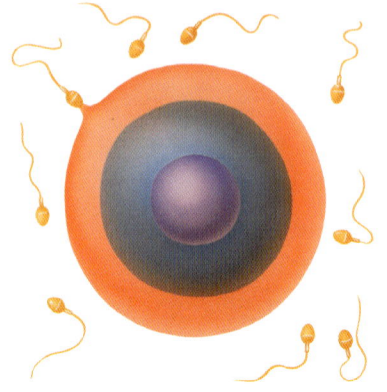

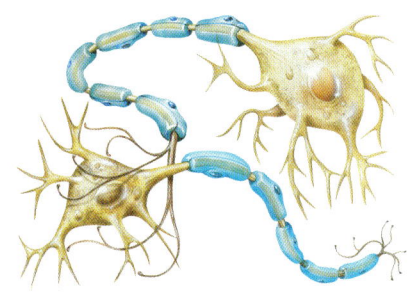

 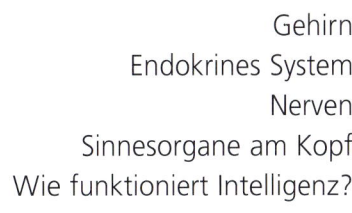

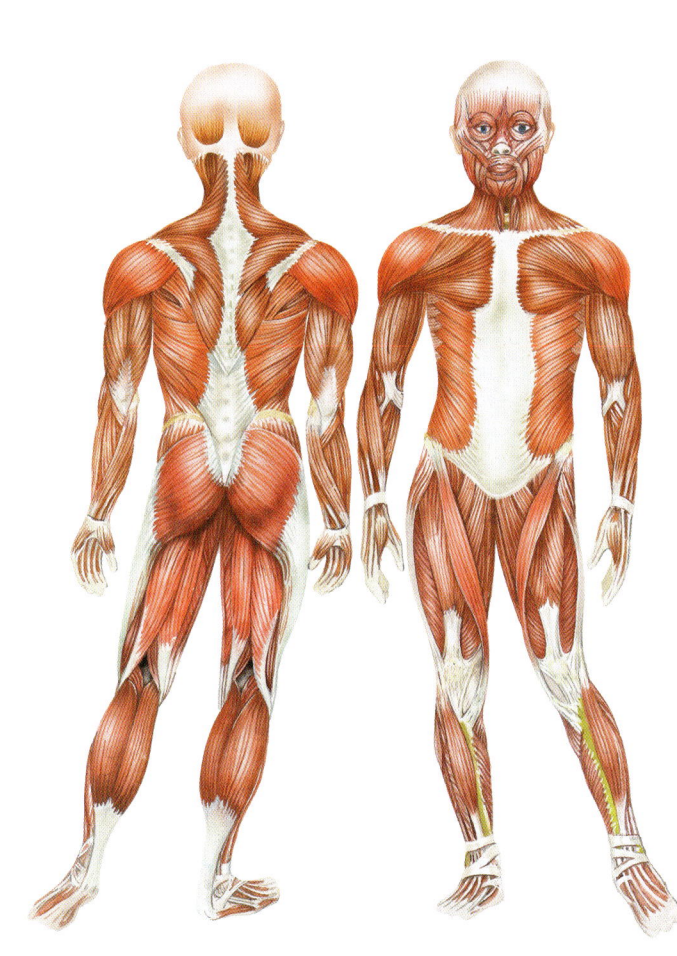

ENTWICKLUNG

Sicher hat jeder schon im Zoo fasziniert den Schimpansen oder Gorillas bei ihrem Treiben zugeschaut und lachen müssen über die oft so verblüffenden Verhaltensweisen und die ausdrucksvolle Mimik, die so viel Ähnlichkeit mit unserer eigenen hat. Bei allen Unterschieden – die nahe Verwandtschaft der Menschenaffen zur menschlichen Gattung ist unverkennbar. Aber ebenso offensichtlich ist es, dass wir Menschen uns in vielen äußeren und inneren Merkmalen von dieser Verwandtschaft entfernt haben. Aber in welchem Zeitraum, wo auf der Welt und aus welchen Gründen fanden diese Entwicklungsschritte statt, die zum heutigen Menschen führten?

Seit wann gibt es Menschen auf der Erde?

Die ersten frühen Menschen lebten bereits vor etwa 3 Millionen Jahren. Dies kommt einem sehr lange vor, ist aber kurz, wenn wir bedenken, dass unser Erdball bereits vor etwa 4 Milliarden Jahren entstand. Die ersten Menschen hatten sehr viel Ähnlichkeit mit Affen; Menschen und die heutigen Primaten (= Menschenaffen wie Schimpansen, Orang Utans oder Gorillas) haben die gleichen Vorfahren.

Wo gab es die ersten Menschen?

Als die „Wiege der Menschheit" gilt das östliche Afrika. Von dort ausgehend eroberte die Gattung Mensch nach und nach den gesamten Erdball. Dies hängt damit zusammen, dass die Menschen, die sich als Jäger und Sammler ernährten (also noch keinen Ackerbau betrieben) immer größere Reviere durchstreiften und auf diese Weise nach und nach in immer neue Gebiete vorstießen.

Wie wurden aus den Affen Menschen?

Vor etwa 5 Millionen Jahren wurde es auf der Erde kälter. Die Urwälder lichteten sich, und zwischen den Baumgruppen entstanden größere Wiesenflächen (die Savannen). Das veränderte die Lebensbedingungen und erforderte Anpassung. Nun waren Affen im Vorteil, die gut klettern und auch am Boden flink auf zwei Beinen laufen konnten. Wer den aufrechten Gang gut beherrschte, hatte bessere Überlebenschancen.

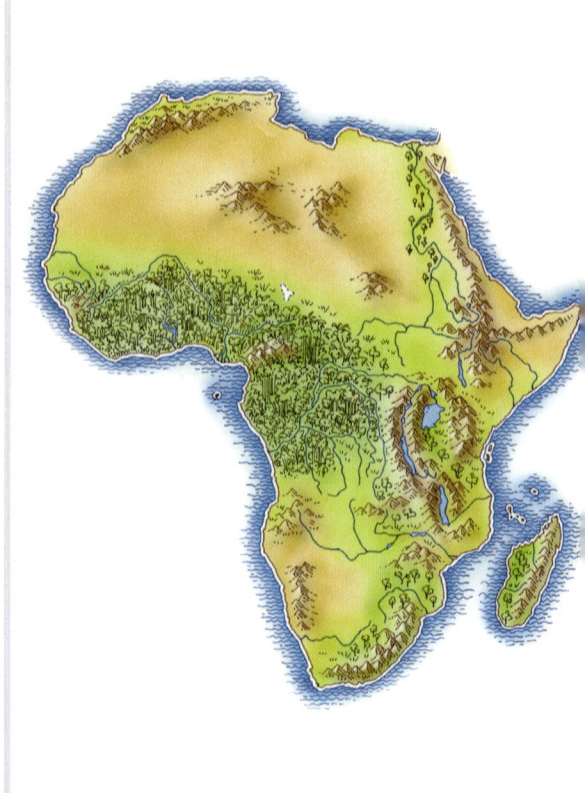

Der „dunkle Kontinent" Afrika gilt als der Ort, wo bereits vor Millionen von Jahren die ersten Menschen lebten. Hier herrschten damals die günstigsten klimatischen Bedingungen für eine Weiterentwicklung.

Bei der Nahrungssuche konnten nun besonders schnell weiter auseinander stehende, Früchte tragende Bäume erreicht werden. Wer sich auf die Hinterbeine stellen konnte, war zudem in der Lage, über das hohe Gras hinaussehen und Feinde rechtzeitig entdecken.

Welche Vorteile hatte der aufrechte Gang?

Die Frühmenschen brauchten ihre Arme nicht mehr nur zum Laufen und Klettern, sondern konnten sie vor allem auch zum Greifen von Gegenständen einsetzen. Sie konnten nun im Stehen etwa einen Stein oder einen Ast als Waffe bei der Jagd einsetzen. Insbesondere schafften sie es irgendwann, durch das Aneinanderschlagen von Steinen oder das Drehen von Holzstäben Funken zu erzeugen und Feuer zu machen. Man schätzt, dass vor etwa 500 000 Jahren der Mensch das Feuermachen entdeckte.

Was brachte der Gebrauch der Arme?

Bei Ausgrabungen findet man hin und wieder Knochen unserer frühen Vorfahren. Solche Funde sind eine Seltenheit und jedes Mal eine Sensation. Knochen und Zähne haben über Jahrmillionen in der Erde überdauert; mit den heutigen modernen Methoden ist es möglich, ihr Alter genau zu bestimmen.

Woher weiß man das alles?

An der Beschaffenheit der Handknochen sieht man z. B, ob es sich um eine menschenähnliche Hand handelt; Zähne und Kieferknochen sagen etwas darüber aus, wie sich das Lebewesen ernährte. Am Skelett erkennt man, ob es sich um eine Frau oder einen Mann handelte und in welchem Alter der Tod eingetreten ist.

Sehen denn nicht die Knochen alle gleich aus?

Man findet auch immer wieder in der Nähe von Knochen Reste von Feuerstellen, Werkzeuge wie Pfeilspitzen oder auch, aus späterer Zeit, Gefäße, Figuren oder Wandmalereien.

Gibt es noch andere Funde aus der Frühzeit?

Schimpansen gehören mit den anderen Menschenaffen, den Gorillas und Orang Utans, zu unseren „nahen Verwandten". Es gibt zahlreiche Hinweise, die auf gemeinsame Vorfahren von Menschen und Menschenaffen hindeuten.

Welches sind die wichtigsten Vertreter unserer Vorfahren?

Als erster bekannter Vertreter der Menschen gilt der Homo rudolfensis, dessen Skelett man in Ostafrika fand. Er lebte vor 2,4 bis 1,8 Millionen Jahren. Etwa eine halbe Millione Jahre später lebte der Australopithecus, der schon Steinwerkzeuge herstellte; ihm folgte der Homo erectus.

Wann entwickelte sich der Homo sapiens?

Aus dem Homo erectus entwickelte sich der Homo sapiens, dessen bekanntester früher Vertreter der Neandertaler (er lebte vor ca. 150 000 Jahren) ist. Er wurde benannt nach der Fundstelle, dem Ort Neandertal bei Düsseldorf.

Wie sah der Neandertaler aus?

Der Neandertaler wurde etwa 1,60 m groß und wog 80 Kilogramm. Sein Gehirnvolumen war bereits so groß wie das der heutigen Menschen.

Wer folgte dem Neandertaler nach?

Die Neandertaler wurden schließlich durch die Cro-Magnon-Menschen verdrängt, die vor etwa 40 000 Jahren in Europa einwanderten. Sie waren nach ihren äußeren Merkmalen vermutlich dem heutigen Menschen sehr ähnlich. Würde man heute einen Cro-Magnon-Menschen modern kleiden und in die Straßenbahn setzen, würde er wahrscheinlich nicht auffallen.

Wie lebten die Neandertaler?

Sie lebten wie alle Menschen und Menschenaffen in Gruppen von – wie man annimmt – 2 bis 3 Dutzend Individuen. Zum Wohnen nutzen sie natürlich vorkommende Höhlen. Da sie Feuer machen konnten, konnten sie auch in kälteren Gegenden durch den Winter kommen. Sie sammelten Beeren, Kräuter und Wurzeln, was mehr die Aufgabe der Frauen war, während die Männer auf die Jagd gingen; hierzu setzten sie selbst gefertigte Waffen ein. Man verständigte sich bereits durch eine – wenn auch noch recht einfache – Sprache, teilte Nahrung miteinander und half sich gegenseitig.

Gorillas vermitteln durch ihre imposante Erscheinung ein Bild von der Zähigkeit und Kraft, die unsere Vorfahren zum Überleben brauchten.

Die Entwicklung von einfachen Werkzeugen und Waffen wie dieser Steinaxt war ein riesiger Schritt in der Entwicklung der Menschheit. Er gelang dem Neandertaler, dem ersten bekannten Vertreter des Homo sapiens.

Die ersten Menschen sahen den Menschenaffen noch sehr ähnlich. Jedoch veränderten sich allmählich Kopf und Körperbau: Die Wirbelsäule richtete sich immer mehr auf, die Füße wölbten sich, um das Gewicht besser abzufedern, das Gehirn und der Schädel wurden größer, der Brustkorb flacher; es verlor sich die Körperbehaarung. Die Hand entwickelte sich zu einem perfekten Greifwerkzeug, wodurch das Gebiss als Waffe unnötig wurde. Deshalb wurden die Zähne kleiner.

Das weiß man nicht genau. Manche Wissenschaftler glauben, dass sie durch die geschickteren und intelligenteren Cro-Magnon-Menschen ausgerottet wurden. Diese wanderten vor etwa 40 000 Jahren aus Nordafrika in das heutige Europa ein. Andere Wissenschaftler sagen, dass die Cro-Magnon-Menschen nur einfach mehr für das Überleben gerüstet waren, weil sie sich besser an die Umwelt anpassen konnten.

Warum starben die Neandertaler aus?

Ja, alle heutigen Menschen gehören zur gleichen Art oder Familie. Wie die modernen Methoden der Genforschung (Vererbungslehre) beweisen, unterscheiden sich die verschiedenen menschlichen Rassen so gut wie gar nicht.

Sind Schwarze, Weiße und Asiaten miteinander verwandt?

Natürlich gibt es Unterschiede zwischen den Menschen. Allerdings ist es möglich, dass der 1,90 Meter große Herr Meier aus Köln mehr Merkmale mit dem 1,85 Meter großen Herrn Magawbe aus Afrika gemeinsam hat als mit seinem 1,70 Meter großen Nachbarn Herrn Schmid.

Gibt es genetische Unterschiede zwischen den Rassen?

Die Unterschiede in der Hautfarbe sind Folge der Anpassung an die Bedingungen der Natur. Je dunkler die Hautfarbe, um so besser ist die Haut vor der Sonne geschützt. Deshalb haben Menschen, die in heißen, südlichen Regionen leben, eine dunklere (gelbe, braune, schwarze) Haut als solche im Norden. Wer mal einen kräftigen Sonnenbrand hatte, weiß, wie zerstörerisch die Sonne auf helle Haut wirken kann.

Warum sehen Chinesen, Europäer und Afrikaner so unterschiedlich aus?

Die afrikanische Mutter und ihr Kind unterscheiden sich äußerlich stark von einem Mitteleuropäer – die genetische Ausstattung ist aber bei allen Menschenrassen sehr ähnlich.

Nein. Mandelaugen, Formen von Nase und Mund, Haarfarben, glatte oder lockige Haare sind die Folge davon, dass sich durch die räumliche Isolation bestimmte Merkmale stärker vererbten als andere. Schließlich reisen wir erst seit wenigen hundert Jahren von Kontinent zu Kontinent.

Hat denn die Form von Augen, Nasen und Lippen etwas mit dem Klima zu tun?

Woraus besteht unser Körper?

Der kleinste Baustein unseres Körpers ist die Zelle. Unser Körper setzt sich aus sage und schreibe 100 Billionen Zellen zusammen – dies ist eine Zahl mit 12 Nullen. Alle diese 100 Billionen Zellen sind in der Entwicklung jedes einzelnen Menschen aus einer einzigen Eizelle entstanden.

Aus welchem Material bestehen Zellen?

Unsere Zellen bestehen zu durchschnittlich zwei Dritteln aus Wasser, ansonsten fast nur aus den chemischen Elementen Stickstoff (N), Kohlenstoff (C), Wasserstoff (H) und Sauerstoff (O). Ihr Grundgerüst bilden Kohlenstoffatome.

Sehen alle Zellen gleich aus?

Die Zellen bestehen zwar alle aus den gleichen chemischen Elementen, nehmen aber sehr verschiedenartige Formen an. Die Kohlenstoffatome lagern sich zu ganz unterschiedlichen räumlichen Strukturen zusammen, sie bilden z. B. Ketten, Ringe und Gitter. An diese Kohlenstoffgerüste docken sich dann in schier unendlicher Kombinationsmöglichkeit Stickstoff-, Wasserstoff-, Sauerstoff- und weitere Kohlenstoffatome an. Diese Biomoleküle verbinden sich wiederum untereinander zu immer neuen Zellen, Zellverbänden, Geweben und Organen.

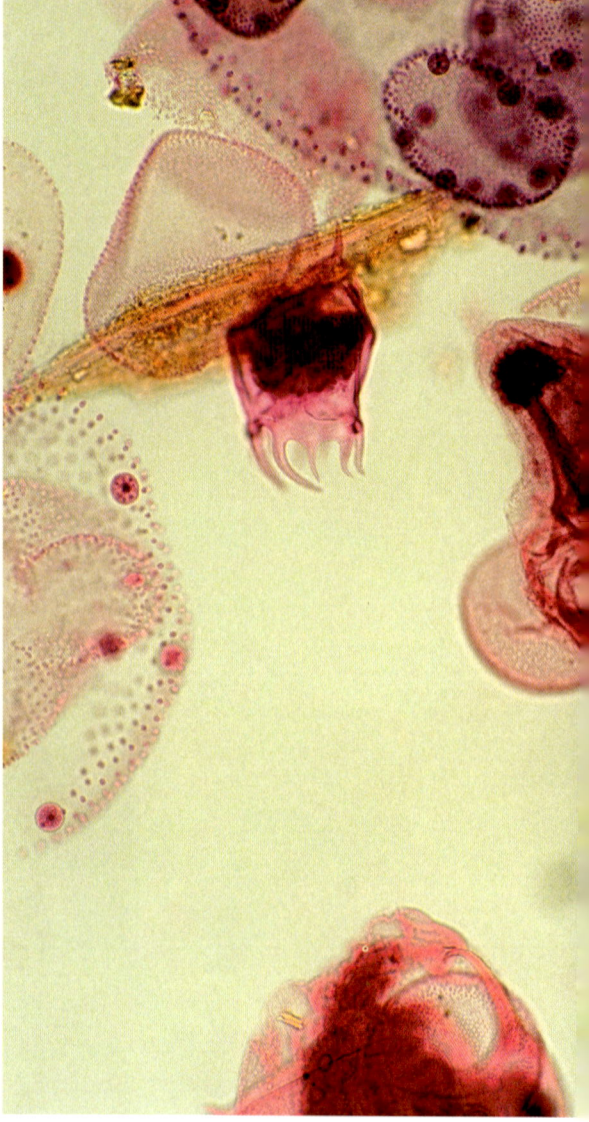

Auch Pflanzen sind aus Einzelzellen aufgebaut. Allerdings sind diese in weniger hohem Maße als beim Menschen spezialisiert und zeigen daher in vielen Pflanzenteilen ein eher einheitliches Muster.

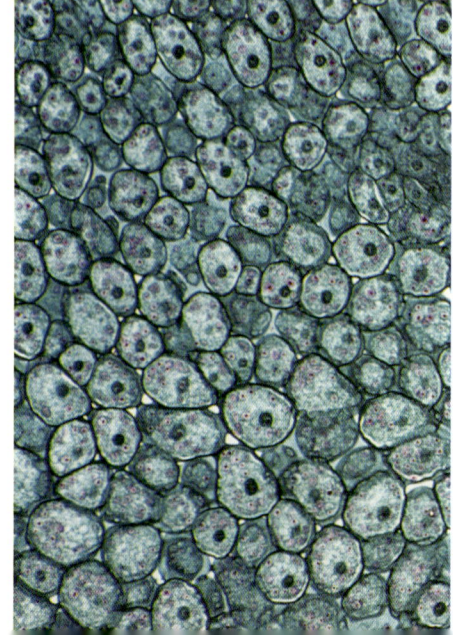

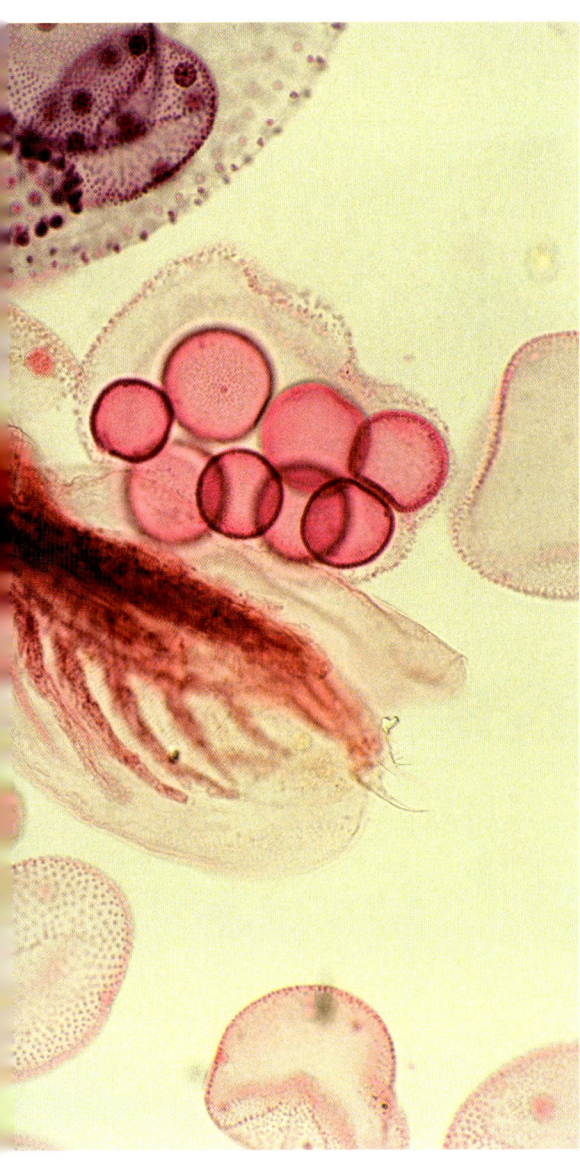

Eine einzelne Zelle ist mit dem bloßen Auge nicht sichtbar, wir müssen sie unter einem stark vergrößernden Mikroskop betrachten. Alle Zellen haben den gleichen Bauplan: Sie bestehen aus einem Zellkern und einer Zellwand (Membran) und sind mit Wasser gefüllt. Zusätzlich enthalten Zellen verschiedene andere Zellkörperchen, die für bestimmte Aufgaben zuständig sind.

Wie ist eine Zelle aufgebaut?

Im Zellkern befindet sich unser Erbmaterial – die Chromosomen und Gene, die die Abläufe in der Zelle steuern.

Was enthält der Zellkern?

Hautzellen: Sie überziehen die äußere Körperoberfläche und innere Organe wie z. B. die Schleimhäute im Darm und den Atemwegen. *Muskelzellen:* Sie bilden die Muskulatur an Armen und Beinen, an den inneren Organen und dem Herz. *Binde- und Stützgewebezellen:* Hierzu zählen die Knochen-, Sehnen- und Knorpelzellen, die Zellen des Bindegewebes und die Fettzellen. *Nervenzellen:* Diese leiten elektrische Reize weiter. *Abwehrzellen:* Sie sind spezialisiert darauf, Krankheitserreger und schädliche Stoffe zu vernichten oder unschädlich zu machen.

Welche verschiedenen Zelltypen gibt es?

Zellen schließen sich zu den unterschiedlichsten Strukturen zusammen. Von der einzelligen Amöbe bis zu den komplizierten Organsystemen von Mensch und Säugetieren besteht alles Leben aus Zellverbänden.

Verschiedene Zellverbände des Körpers: A. Muskelgewebe; B. Knorpelgewebe; C. Blutzellen; D. Hautgewebe; E. Nervengewebe; F. Knochengewebe; G. Bindegewebe.

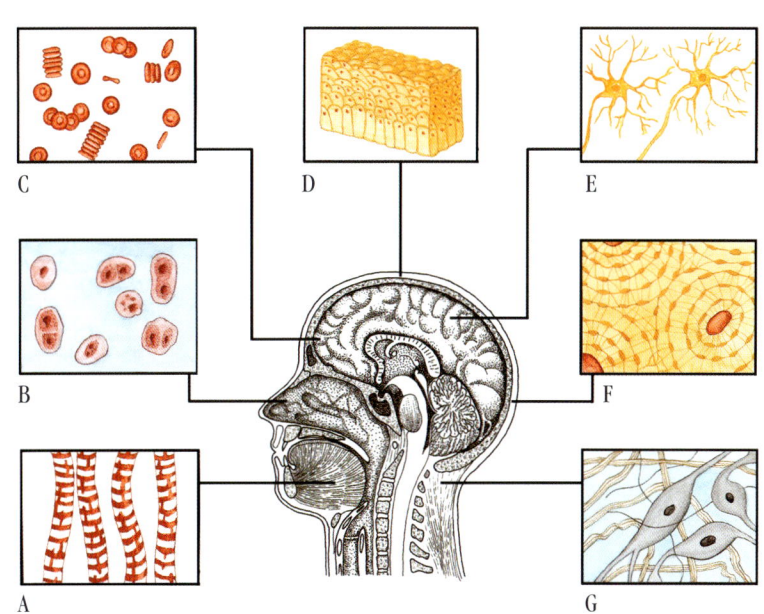

Wie kommt es, dass wir uns aus einer einzigen Eizelle entwickeln?

Nach der Befruchtung teilt sich die Eizelle, dann die beiden neuen Zellen und so fort. Auf diese Weise entstehen sehr schnell Tausende von Zellen, die sich nun auf ihre bestimmten Aufgaben im Körper spezialisieren.

Teilen sich unsere Zellen immer weiter?

Unsere Zellen teilen sich ein Leben lang. Nach der Geburt erfolgt z. B. das Längenwachstum durch Zellteilung. Beim Erwachsenen sieht man die Zellteilung noch daran, dass Haare und Fingernägel wachsen und Wunden verheilen. Die Zellteilung und die Spezialisierung der Zellen auf ganz bestimmte Aufgaben wird von den Chromosomen im Zellkern gesteuert.

Was ist ein Chromosom?

Ein Chromosom ist ein langkettiges Molekül mit dem Namen Desoxyribonukleinsäure (DNS). Genau betrachtet, besteht es aus zwei umeinander gedrehten Phosphat-Zucker-Strängen, die durch Basenpaare wie die Treppen einer Wendeltreppe miteinander verbunden sind. Das Ganze hat die Gestalt der berühmten Doppelhelix, die 1953 von den amerikanischen Forschern James Watson und Felix Crick entdeckt wurde. Beide erhielten dafür 1962 den Nobelpreis für Medizin.

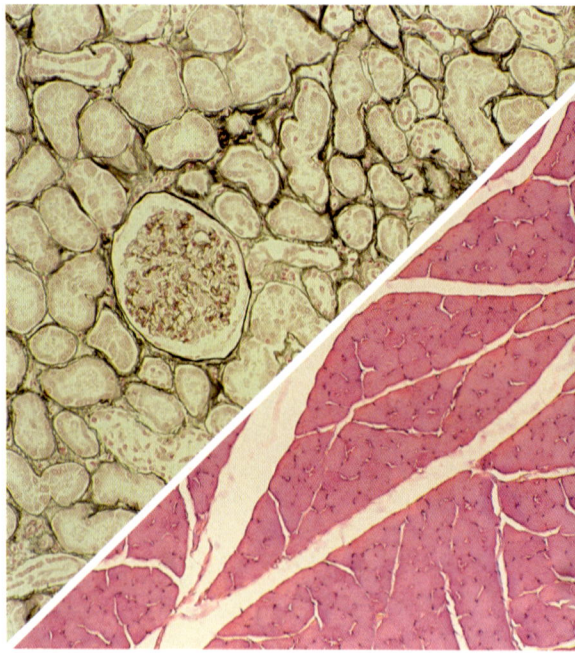

So unterschiedlich können Zellverbände unter dem Mikroskop aussehen, nachdem sie sich auf ihre verschiedenen Aufgaben im Körper spezialisiert haben. Ursprünglich ist diese große Vielfalt aber immer aus einer einzigen Eizelle entstanden.

Das Bild zeigt ein Modell der DNA in Gestalt der Doppelhelix. Die beiden spiralförmig gedrehten und wie eine Leiter verbundenen Stränge enthalten die gesamte Erbinformation des Menschen.

Der Computer scheint ein hochkompliziertes Spielzeug mit nahezu unerschöpflichen Möglichkeiten zu sein – besonders wenn man so klein ist. Aber im Vergleich zum Wunderwerk des menschlichen Körpers er ist eine primitive Maschine.

Was wird alles durch die Gene vorbestimmt?

Die Gene bestimmen eine Vielzahl unserer individuellen Merkmale, z. B. die Augen- und Haarfarbe, die Körpergröße, die Form unserer Nase und unsere Blutgruppe.

Woher wissen die Zellen, wie sie wachsen sollen?

Soll sich eine Zelle teilen, ribbelt sich die DNS an einem bestimmten Abschnitt auf und signalisiert den Ribosomen (so nennt man die Eiweißproduzenten in den Zellen) auf diese Weise, welches neue Eiweiß hergestellt werden soll. Solch ein DNS-Abschnitt, welcher jeweils die genaue Zusammensetzung eines bestimmten Proteins codiert, ist ein Gen.

Das menschliche Erbgut besteht aus der unvorstellbar hohen Zahl von etwa 46 mal 6 Milliarden Genen. Diese wurden erst im Jahre 2000 durch das internationale Humangenomprojekt in ihrer Gesamtheit endgültig erforscht. Das bedeutet aber nicht, dass man nun bereits vollständig wüsste, welches Gen bzw. welche Kombination von Genen jeweils welche Aufgabe in unserem Organismus hat.

Aminosäuren sind die kleinsten Bausteine des Eiweiß, der wichtigsten Grundsubstanz unseres Körpers. Es gibt sehr viele verschiedene Aminosäuren; die Ribosomen in den Zellen kombinieren sie zu neuen Eiweißmolekülen. Für einen reibungslos funktionierenden Zellstoffwechsel müssen alle Aminosäuren stets in ausreichender Menge verfügbar sein. Einige stellt der Körper selbst her, aber die meisten müssen wir regelmäßig mit der Nahrung aufnehmen.

Wie viele Gene haben wir?

Was sind Aminosäuren?

Welches ist das größte Organ des Menschen?

Es ist die Haut. Sie ist beim Erwachsenen 1,6 m² groß und wiegt mehrere Kilogramm. Die Haut ist wichtig für die Atmung, die Regelung der Körpertemperatur und die Ausscheidung von Schweiß.

Warum können wir uns bewegen?

Dafür sorgt das Muskel- und Skelettsystem. Die Knochen des Skeletts geben unserem Körper Halt und Stabilität. Sie sind mit Gelenken verbunden, die es ermöglichen, die Knochen gegeneinander zu drehen oder zu kippen. Unser Körper hat über 200 Gelenke. Die Bewegung selbst wird durch die Muskeln ausgeführt, die mit Sehnen und Bändern an den Knochen befestigt sind und sich zusammenziehen und strecken können.

Wie wird unser Körper mit Energie versorgt?

Dafür sorgt das Herz-Kreislauf-System. Durch die Atmung gelangt Sauerstoff in die Lungenbläschen, von dort tritt er in das Blut über. Das Herz pumpt das Blut über die Arterien durch den Körper, sodass der Sauerstoff schließlich zu jeder Zelle gelangt. Die „Abgase", die bei der Verbrennung entstehen, werden über den venösen Kreislauf schließlich aus jeder Zelle zurück zur Lunge transportiert, wo wir sie ausatmen. Auch Nahrungsstoffe werden im Blutkreislauf transportiert.

Welch ein Vergnügen, bei schönem Wetter mit dem Rad unterwegs zu sein! Knochen, Bänder, Muskeln und Sehnen ermöglichen uns die dazu nötige Beweglichkeit; ein gesundes Herz-Kreislauf-System sorgt für Ausdauer und lässt uns nicht so rasch aus der Puste kommen.

Durch Mund, Magen und Darm werden die Nahrungsmoleküle für die Verwertung aufgespalten, bis sie schließlich die Wand des Dünndarms passieren können und in das Blut gelangen. Für Entsorgung und Entgiftung der Abfallprodukte sind Dickdarm, Nieren und Leber zuständig.

Wie wird unser Körper mit Nahrung versorgt?

Hierfür ist unser Nervensystem zuständig. Man unterscheidet das zentrale und das periphere Nervensystem. Zum zentralen Nervensystem gehören das Gehirn und das Rückenmark – diese sind die zentralen Schalt- und Kommandostellen des Körpers. Das Gehirn steuert z. B. die Bewegungsabläufe, aber auch das Denken und Lernen. Das periphere Nervensystem durchzieht den ganzen Körper bis hin zur Haut und meldet sofort Alarm, wenn wir z. B. eine heiße Herdplatte anfassen.

Wir kommt es, dass wir denken und fühlen?

Dies ist die Aufgabe des Immunsystems. Durch den ganzen Körper patrouillieren Billionen spezialisierter Zellen, die alles, was ihnen begegnet, daraufhin überprüfen, ob es Freund (körpereigen) oder Feind (körperfremd) ist. Feinde (Bakterien, Viren, Schadstoffe) werden nach Möglichkeit sofort vernichtet. Fieber etwa zeigt, dass das Immunsystem noch mitten im Kampf ist.

Wie schützt sich der Körper vor Krankheiten?

Wenn das Schnitzel, die Kartoffeln und der Salat gegessen sind, beginnt im Körper der komplizierte Prozess der Aufspaltung in einzelne Nährstoffe, um sie für den Oganismus verfügbar zu machen. Viele Organe sind an diesem Vorgang beteiligt.

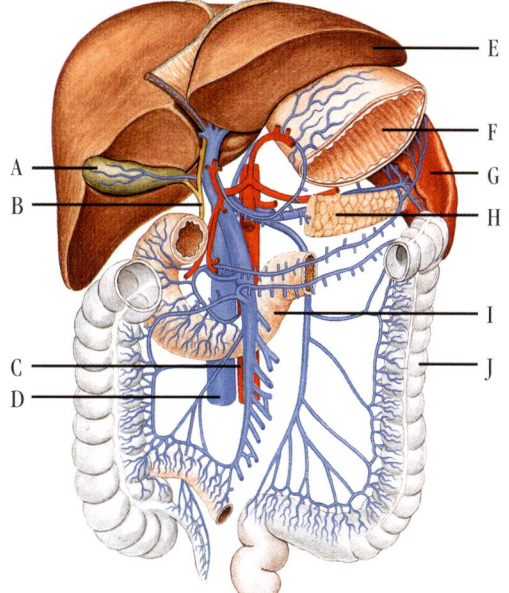

An der Nahrungsverwertung beteiligte Organe und ihre Lage im Körper: A. Gallenblase; B. Gallengang; C. Bauchaorta; D. untere Hohlvene; E. Leber; F. Teil des Magens; G. Milz; H. Teil der Bauchspeicheldrüse; I. Zwölffingerdarm; J. Dickdarm

Warum können Babys nicht – wie Hunde oder Katzen – nach ein paar Wochen laufen?

Anders als Hunde und Katzen sind menschliche Babys noch sehr wenig ausgereift, wenn sie auf die Welt kommen. Man nennt sie deshalb auch „extrauterine Embryos", also Embryos, die außerhalb des Mutterleibs leben. Sie können atmen und essen, aber z. B. noch nicht laufen. Dies lernen sie erst ab ungefähr 12 Monaten.

Wann wird aus einem Baby ein Kind?

Früher war die Antwort einfach: Ein Kind war ein Baby, solange es gestillt wurde („Säugling"). Da heute nicht mehr so lange wie in früheren Zeiten gestillt wird, spricht man nun ungefähr ab dem Alter, in dem das Baby zu laufen anfängt, von einem (Klein)Kind. Bis zum Alter von 14 Jahren ist man vor dem Gesetz ein Kind, dann ein(e) Jugendliche(r). Das Erwachsenenalter beginnt mit der Volljährigkeit ab 18 bzw. 21 Jahren.

Was muss ein Baby alles lernen?

In den ersten beiden Lebensjahren lernt ein Mensch so viel wie in seinem ganzen restlichen Leben nicht mehr: Krabbeln, Laufen, Bauklotztürme bauen, Sprechen, Erinnern und Lernen, Farben und Töne unterscheiden, Singen, sich auf andere Menschen verlassen.... und vieles, vieles mehr.

Die Hand eines Babys hat noch eine wenig ausgeprägte Form und wird noch viele Entwicklungsstadien durchlaufen, bis sie der Hand des Erwachsenen ähnelt.

Unsere Lebenserwartung ist gewaltig gestiegen. Damit wir aber auch gesund und geistig fit alt werden, sollten wir uns viel bewegen .

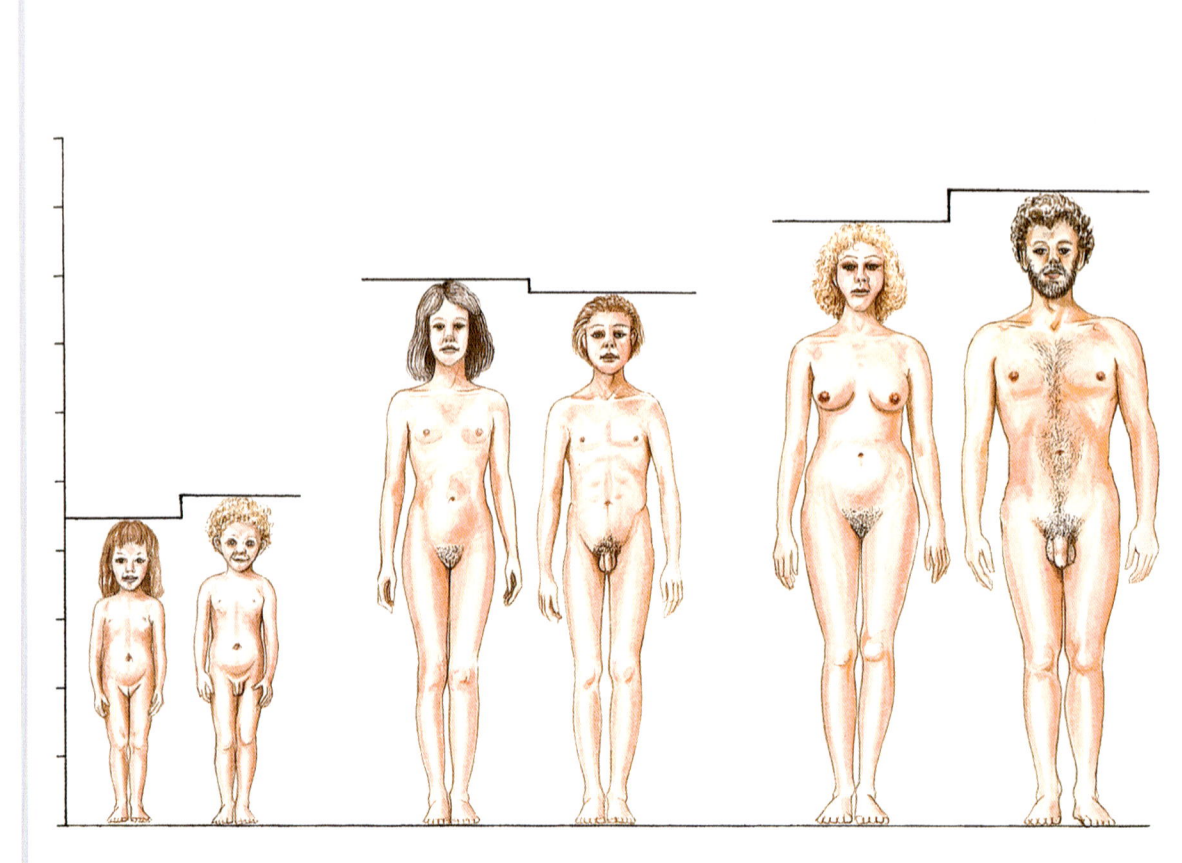

Das Längenwachstum erfolgt bei den Geschlechtern zeitlich versetzt: Im Kindesalter sind Jungen im Schnitt etwas größer als Mädchen, die dann zu Beginn der Pubertät aber schneller wachsen und zeitweise die Jungen „überholen". Als Erwachsene sind dann wieder die Männer im Schnitt größer als Frauen.

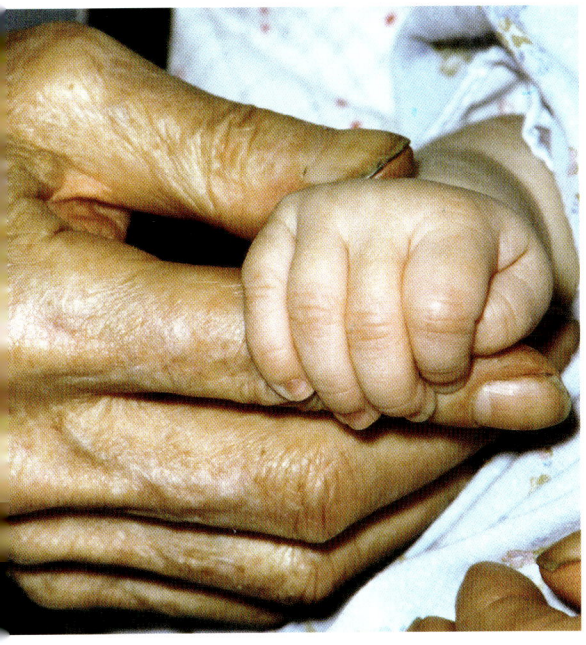

Biologisch gesehen ist es die Pubertät, also die Geschlechtsreife, die bei Mädchen mit ungefähr 12, bei Jungen mit 14 Jahren einsetzt. Kurz darauf hört auch im Wesentlichen das Längenwachstum auf. Wir sind ausgewachsen, was auch in dem Wort „erwachsen" steckt.

Was ist der Unterschied zwischen einem Kind und einem Jugendlichen?

Doch. Der Erwachsene wächst zwar körperlich nicht mehr, aber er lernt noch weiter und gewinnt immer neue Erfahrungen. Das Ideal wäre eigentlich, wenn man nie in der Entwicklung stehen und bis an das Lebensende offen für Neues bliebe. Auf der körperlichen Ebene ist es allerdings so, dass schon ab etwa 30 Jahren der Alterungsprozess einsetzt. Die Zellen teilen sich langsamer, das Bindegewebe wird ganz allmählich schlaffer, weshalb wir im Alter graue Haare und Falten bekommen.

Verändert man sich als Erwachsene(r) nicht mehr?

Nein: Hier gilt aber der Satz: Wer rastet der rostet. Wer sich zeitlebens geistig beschäftigt, gewinnt mit den Jahren sogar an Weisheit und kann etwaige Konzentrationsprobleme durch Erfahrung ausgleichen. Es verhält sich genau wie bei der körperlichen Fitness. Wer regelmäßig Sport treibt, kann auch noch im hohen Alter seine Gelenke im Alltag noch gut bewegen.

Stimmt es, dass man im Alter dümmer wird?

Die Lebenserwartung hat in Europa seit 100 Jahren durch den medizinischen Fortschritt und den allgemeinen Wohlstand ständig zugenommen. Heute bereits lebende Menschen werden im Durchschnitt 80 Jahre alt; wer jedoch heute erst geboren wird, kann – so sagen die Experten – auch leicht 90 Jahre alt werden. Manche Biologen meinen, dass der Mensch von seiner Veranlagung her 120 Jahre oder sogar noch älter werden kann. Ein „biblisches" Alter von mehreren hundert Jahren wird aber wohl allein den Riesenschildkröten vorbehalten bleiben.

Wie alt können Menschen werden?

BEWEGUNG

Der Bewegungsapparat besteht aus Knochen, Muskeln Sehnen und Bändern. Das menschliche Skelett ist das innere Gerüst des Körpers. Mehr als 200 Knochen stützen und schützen unseren Körper. Die Einzelknochen, die sehr stabil sind, sind über Gelenke miteinander verbunden. Somit ist der Körper sehr beweglich. Sehnen und Bänder stellen durch ihre Dehnbarkeit stabile und elastische Verbindungen zwischen den anderen Teilen des Bewegungsapparats her. Die Muskeln, die am Skelett ansetzen, führen gezielte Bewegungen durch Kontraktionen ihrer Fasern aus, während das Gehirn die dafür nötigen Steuerungsbefehle an die Muskeln aussendet.

Wie viele Knochen hat ein Mensch?

Das menschliche Skelett hat zwischen 208 und 214 Knochen. Die Zahl schwankt, weil es Menschen gibt, die zusätzliche Knochen in der Wirbelsäule oder den Händen besitzen.

Wozu ist das Skelett da?

Es bildet in erster Linie das stützende Gerüst für den Körper und verleiht ihm erst seine Form. Zudem schützt das Skelett die inneren Organe vor Verletzungen. So ist das Gehirn vom Schädel rundum umschlossen, während der Brustkorb Herz und Lunge umgibt. Außerdem bietet das Skelett Ansatzstellen für die Muskeln, die dem Menschen Bewegung ermöglichen.

Welche Unterschiede gibt es im Skelett von Mann und Frau ?

Das Becken der Frau ist breiter und die Schultern sind schmaler als beim Mann. Außerdem ist die Gesamtlänge des Skeletts im Schnitt bei der Frau geringer, d.h. Frauen sind kleiner als Männer.

Welche Knochenformen gibt es?

Man unterscheidet vier Formen. Lange Knochen, die man auch Röhrenknochen nennt, findet man in den Armen, Händen, Beinen und Füßen. Die Hand- und Fußgelenke bestehen aus kurzen Knochen. Das Brustbein, die Rippen, Schulterblatt und das Schädeldach sind platte Knochen. So genannte Mischformen sind die Wirbel und die Gesichtsknochen.

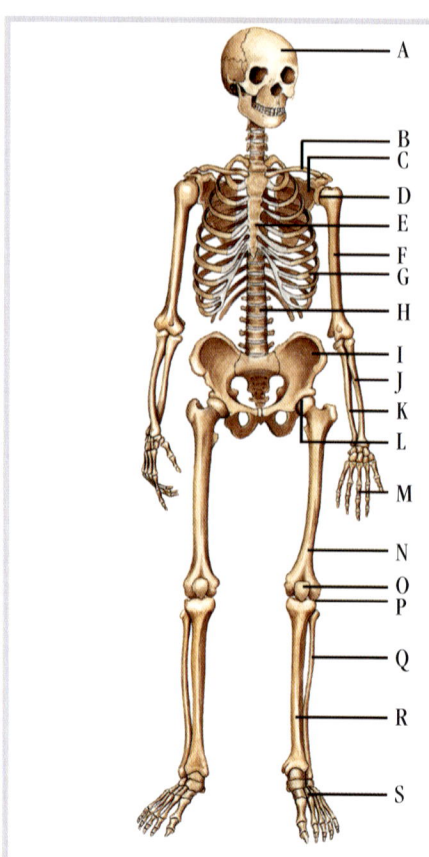

A. Schädel; B. Schlüsselbein; C. Schulterblatt; D. Schultergelenk; E. Brustbein; F. Oberarmbein; G. Rippe; H. Wirbelsäule; I. Hüfte; J. Speiche; K. Elle; L. Hüftgelenk; M. Hand; N. Oberschenkelbein; O. Kniescheibe; P. Kniegelenk; Q. Wadenbein; R. Schienbein; S. Fuß

Im roten Knochenmark werden unterschiedliche Arten von Blutzellen gebildet. In den kurzen und platten Knochen werden täglich bis zu fünf Milliarden rote Blutkörperchen hergestellt. Beim Kind ist rotes Knochenmark zusätzlich in den Röhrenknochen. Das gelbe Knochenmark besteht aus Fett, dient der Fettspeicherung und ist beim Erwachsenen in den Röhrenknochen zu finden.

Welche Arten von Knochenmark gibt es?

Es gibt unterschiedlich große Knochen, ihre Größe hängt mitunter von ihrem Einsatzgebiet ab. Die Spanne ist aber recht groß. So ist der kleinste Knochen beim Menschen der so genannte Steigbügel, der sich im Mittelohr befindet. Er ist drei Millimeter lang und wiegt ungefähr drei Gramm. Demgegenüber kann der größte und kräftigste Knochen, der Oberschenkelknochen, bei einem erwachsenen Mann von 1,80 m Körpergröße 50 Zentimeter lang werden.

Wie groß werden Knochen?

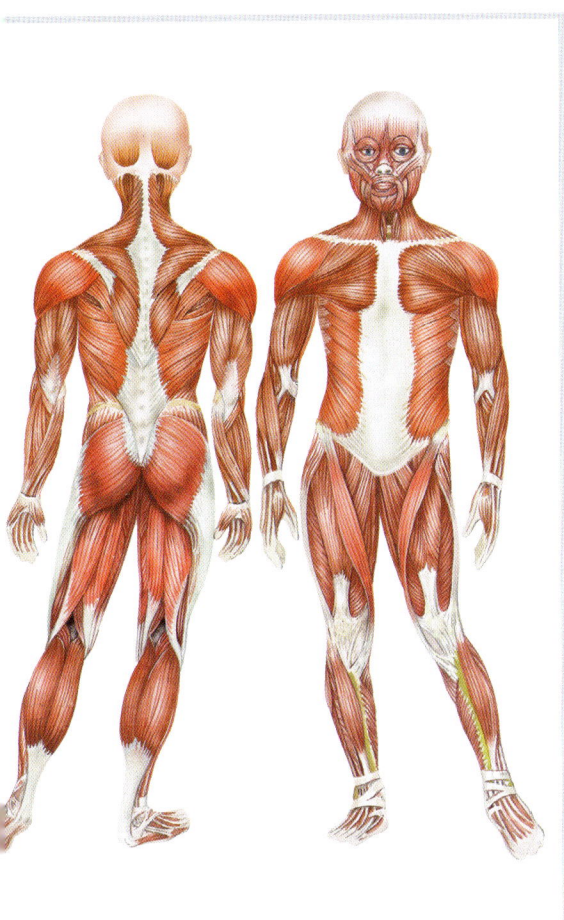

Vorder- und Rückansicht des Körpers mit den oberflächlichen Muskeln

Knochen sind lebendes Gewebe und bestehen aus vielen Knochenzellen, die wie alle Zellen einen Stoffwechsel haben. Blutgefäße versorgen die Knochenzellen mit Nährstoffen und Sauerstoff und nehmen andererseits ihre Abfallstoffe mit. Knochen speichern allerdings Mineralsalze, die ihnen ihre Festigkeit verleihen.

Leben Knochen?

Das ist eine Krankheit, bei der die Knochen das wichtige Mineral Kalzium verlieren und in der Folge porös und brüchig werden. Es kommt dann sehr leicht zu Brüchen oder Verformungen. Mittels einer Knochendichtemessung in darauf spezialisierten Kliniken und Krankenhäusern lässt sich das Ausmaß der Krankheit bestimmen. Betroffen davon sind viele ältere Menschen, vor allem Frauen. Behandelt wird Osteoporose mit gezielten Bewegungsübungen (die generell das Knochengewebe stärken) und mit speziellen Medikamenten.

Was ist Osteoporose?

Was ist die Wirbelsäule?

Die Wirbelsäule ist ein elastischer Stab, der aus 32 bis 33 Wirbeln und zwischengelagerten Pufferkissen, den Bandscheiben, besteht. Mit Ausnahme der beiden obersten haben alle Wirbel eine einheitliche Gestalt.

Welche Aufgabe hat die Wirbelsäule?

Sie stützt den Rumpf, trägt den Kopf und verleiht uns unsere aufrechte Haltung. Zudem bildet sie den Wirbelkanal, der das empfindliche Rückenmark vor Verletzungen schützt.

In welche Abschnitte gliedert sich die Wirbelsäule?

Von oben nach unten gesehen, besteht sie aus der Halswirbelsäule mit 7 Wirbeln, aus der Brustwirbelsäule mit 12 Wirbeln, aus der Lendenwirbelsäule mit 5 Wirbeln und aus dem Kreuzbein mit 5 Wirbeln; das Ende bildet das Steißbein mit 3 bis 6 Wirbeln. Die Wirbel von Kreuzbein und Steißbein verschmelzen frühzeitig in der kindlichen Entwicklung und bilden einen Knochen.

Wie kommt die Form der Wirbelsäule zustande?

Von der Seite betrachtet, ist die Wirbelsäule doppelt s-förmig gebogen. In der Hals- und Lendenwirbelsäule ist sie jeweils nach außen gekrümmt, in der Brustwirbelsäule und im Kreuzbein nach innen gegengekrümmt. Dank dieser Form kann sie die Erschütterungen, die beim Gehen entstehen, abfangen, bevor diese den Kopf erreichen.

Wie sieht ein Wirbel aus?

Bis auf die beiden obersten Wirbel in der Halswirbelsäule, Atlas und Dreher, sind alle Wirbel mehr oder weniger gleich ausgebildet. Ein Wirbel besteht aus einem Wirbelkörper, dem Wirbelbogen, einem Dornfortsatz, zwei Querfortsätzen und je zwei oberen und unteren Gelenkfortsätzen. Diese Fortsätze berühren einander an bestimmten Gelenkflächen. Zusammen mit den Bandscheiben verleihen die Wirbel der Wirbelsäule Stabilität, während sie gleichzeitig ein Höchstmaß an Elastizität und Biegsamkeit gewähren.

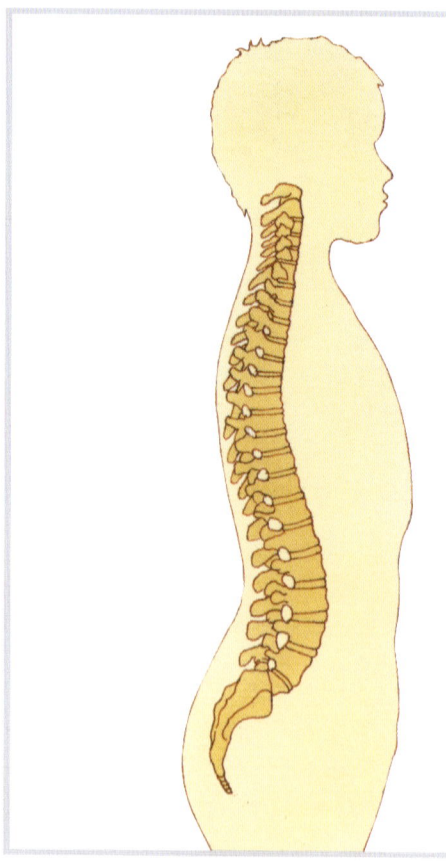

In der Seitenansicht kann man die Doppel-S-Form der Wirbelsäule gut erkennen.

Die Bandscheiben (gelb) wirken wie Stoßdämpfer. Das Rückenmark läuft geschützt durch den Wirbelkanal. Von ihm aus zweigen Nerven (grün) ab, die den gesamten Körper durchziehen.

Im Laufe der Entwicklung des Menschen hat die Wirbelsäule eine große Veränderung durchgemacht. Ursprünglich besaß sie nämlich nur eine einfache, auswärts gebogene Krümmung. Erst als der Mensch zunehmend aufrecht ging, erhielt die Wirbelsäule ihre zweite, einwärts gebogene Krümmung. Noch heute zeugt der starke Knick zwischen Lendenwirbelsäule und Kreuzbein von dieser Entwicklung.

Wie funktionieren Atlas und Dreher?

Der Atlas ist der oberste Halswirbel. Er besitzt keinen Wirbelkörper, ist ringförmig und trägt den Kopf. In zwei Gelenkflächen auf seiner Oberseite liegen die Gelenkfortsätze des Hinterhauptbeins. Der Dreher oder Axis besitzt einen zapfenartigen Fortsatz, den Zahn, der in den ringförmigen Atlas ragt. Das Atlas-Axis-Gelenk ist verantwortlich für Nick- und Seitwärtsbewegungen sowie Drehungen des Kopfes.

Wie ist eine Bandscheibe aufgebaut?

Die Bandscheiben oder Zwischenwirbelscheiben wirken als Polster zwischen den Wirbeln, fangen Stöße ab und lassen Bewegung zu. Sie bestehen aus äußeren, konzentrischen Ringen aus Faserknorpel und einem weichen Gallertkern in der Mitte.

Was ist ein Bandscheibenvorfall?

Infolge einer plötzlichen einseitigen oder zu schweren Belastung kann der Faserknorpelring reißen und der Gallertkern herausgepresst werden. Dieses Ereignis an sich wäre kaum schmerzhaft, doch der herausquellende Kern drückt dabei häufig auf die Wurzeln der Rückenmarksnerven, was heftige Schmerzen verursacht und nicht selten dazu führt, dass der Betreffende seinen Rücken überhaupt nicht mehr bewegen kann. Auch Taubheit und Muskelschwäche in Armen oder Beinen können ein Anzeichen dafür sein. Meist ist mangelnde Körperbewegung der Grund dafür, dass die Bandscheiben nicht ausreichend versorgt werden und dadurch geschwächt sind.

Warum wird der Mensch im Alter kleiner?

Im Lauf des Lebens werden die Bandscheiben zwischen den Wirbeln durch das auf ihnen lastende Gewicht immer weiter zusammengepresst. Zudem lässt im Alter die Spannkraft der Muskeln und Bänder nach, die die Wirbelsäule stützen. Dadurch sackt der Körper ebenfalls weiter in sich zusammen. Die Körpergröße kann sich so um 2 bis 5 Zentimeter verringern.

Querfeldein mit dem Mountainbike – da müssen die Bandscheiben harte Erschütterungen abfedern.

Was sind kollagene Fasern?

Normalerweise sind Gewebefasern sehr weich, darum müssen sie überall dort, wo sie besonderen Belastungen ausgesetzt sind, durch bestimmte Eiweißstoffe, die Kollagene, verstärkt werden. Das ist vor allem in Sehnen, Knorpeln und Knochen der Fall.

Welche Knorpelarten gibt es?

Man unterscheidet drei Arten von Knorpeln. Der hyaline Knorpel in den Gelenken ist die häufigste Knorpelform. Der stabilere Faserknorpel findet sich vor allem in den Bandscheiben. Enthält das Knorpelgewebe zusätzlich elastische Fasern, spricht man vom elastischen Knorpel. Aus ihm bestehen z. B. die Ohrmuscheln.

Was haben Knochen und Knorpel gemeinsam?

Der harte Knochen und der elastische Knorpel scheinen auf den ersten Blick unterschiedlich zu sein, doch im Aufbau sind sie fast identisch: In der so genannten Grundsubstanz finden sich um die Zellen mehr oder weniger regelmäßige Fasergruppierungen. Der Unterschied besteht jedoch darin, dass beim Knochen zusätzlich kristallisierte Mineralsalze in die Grundsubstanz eingelagert werden, wodurch er zu der knorpeltypischen Druckfestigkeit zusätzlich Biegefestigkeit erhält.

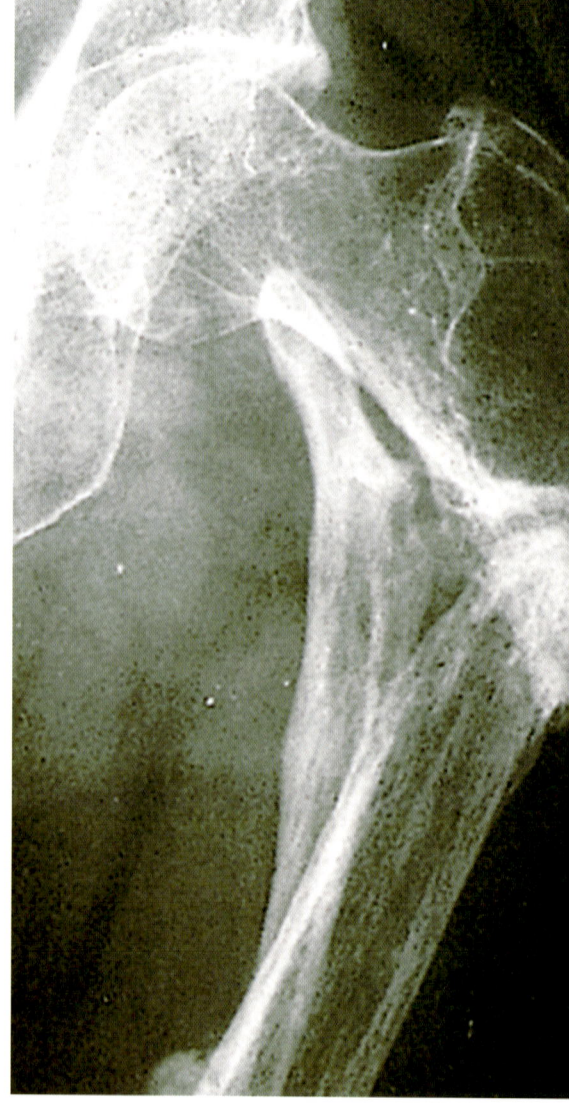

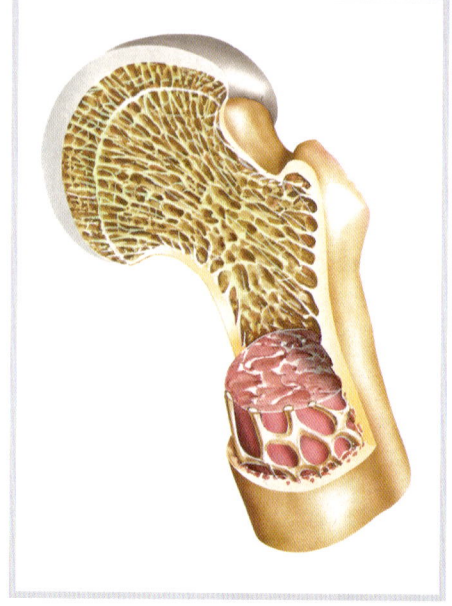

Der obere Gelenkkopf des Oberschenkelknochens ist von einer dicken Gelenkknorpelschicht überzogen. Bei Röhrenknochen umgibt kompakter Knochen die innere, schwammartige Knochenstruktur und den Markraum.

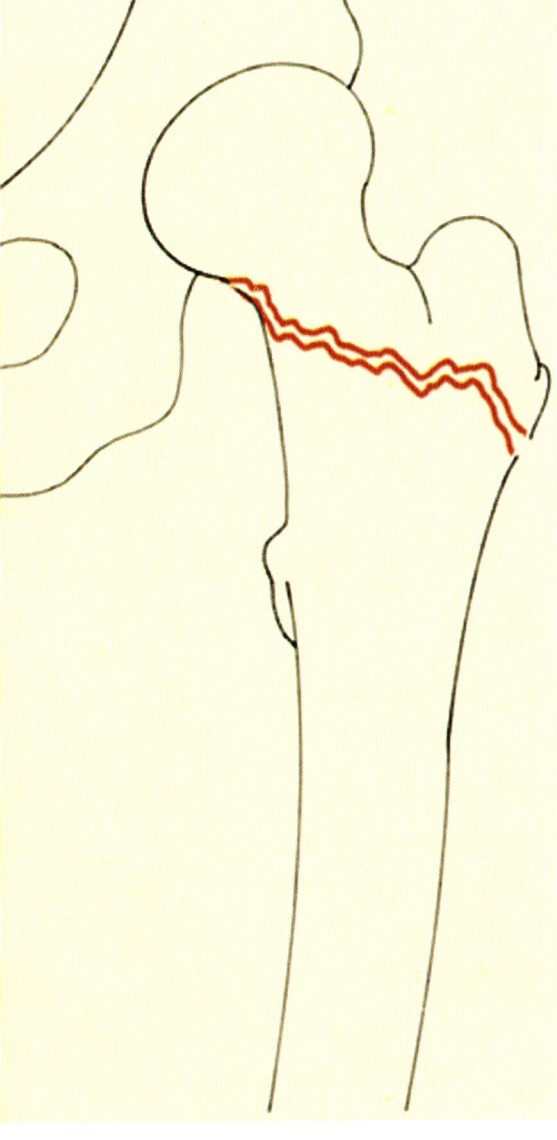

Obwohl Röhrenknochen, etwa der Oberschenkelknochen, ein nur geringes Gewicht haben, können sie schwere Lasten tragen. Der Grund hierfür ist im Inneren der Knochen zu finden, das nicht massiv ist, sondern fast wie ein versteinerter Schwamm aussieht und nur auf der Außenseite kompakt ist. Diese Knochenwand wird von einer dünnen Haut umhüllt, die den Knochen mit Nährstoffen versorgt. Im Inneren des Knochens findet sich außerdem noch die Knochenmarkhöhle, in der das Knochenmark seinen Platz hat.

Wie ist ein Röhrenknochen aufgebaut?

Das Knochenmark ist der Hauptentstehungsort der roten Blutkörperchen. Es findet sich vor allem in den Knochenmarkhöhlen der Röhrenknochen, aber auch in den Rippen und im Brustbein.

Wofür braucht man das Knochenmark?

Sobald sich die beschädigten Blutgefäße geschlossen haben, wachsen Knochenhautzellen über die Bruchstelle. In den nächsten drei Wochen bildet sich dann der so genannte Kallus aus, an dem die Blutgefäße neu einwachsen und die Knochen bildenden Zellen ihre Arbeit aufnehmen. Nach drei bis vier Monaten ist der Kallus völlig durch neues Knochengewebe ersetzt.

Wie heilt ein gebrochener Knochen?

So sieht ein gebrochener Oberschenkelknochen auf einer Röntgenaufnahme (links) aus. Die Bruchlinie (hell im Röntgenbild, rot in der schematischen Zeichnung rechts) ist deutlich zu erkennen.

Rechts ist neben einem gesunden ein durch Arthrose geschädigtes Gelenk abgebildet, bei dem der Knorpel weitgehend zerstört ist: A. Knochen; B. Gelenkkapsel; C. Gelenkinnenhaut; D. Knorpel.

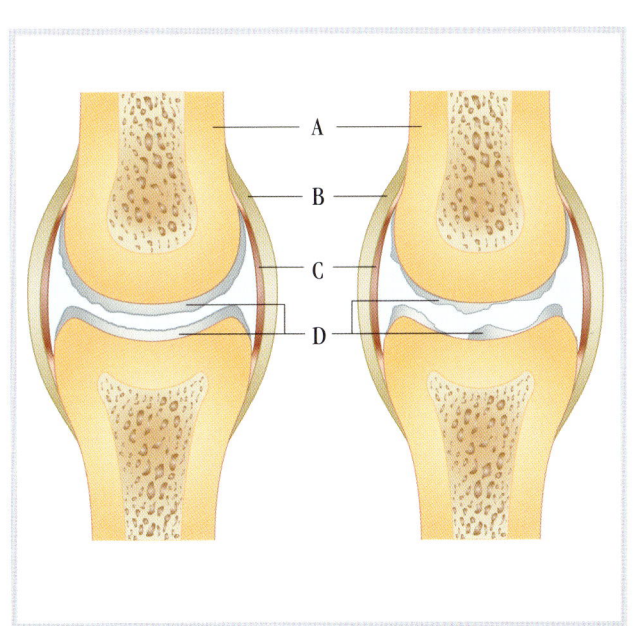

Was ist ein Gelenk?

Sobald zwei oder mehr Knochen miteinander verbunden sind, spricht man von einem Gelenk. Es gibt Gelenke in allen Größen, und die kleinsten von ihnen finden mühelos im Ohr Platz. Meist denkt man bei dem Wort „Gelenk" zunächst nur an Ellenbogen-, Finger- oder Fußgelenke, doch auch die einzelnen Schädelknochen sind über Gelenke verbunden.

Was sind halb bewegliche Gelenke?

Wenn zwischen den Gelenken kein Gelenkspalt besteht, ist die Beweglichkeit dieser Gelenke eingeschränkt. Das ist bei rund einem Drittel der Gelenke der Fall. Beispielsweise ist ein einzelnes Wirbelgelenk wenig beweglich – erst durch die Aneinanderreihung zahlreicher Wirbelgelenke lässt sich die Wirbelsäule insgesamt gut biegen.

Wie ist ein bewegliches Gelenk aufgebaut?

Die Knochenenden, die ein bewegliches Gelenk bilden, sind mit einem Hyalinknorpel versehen, der eine äußerst glatte Oberfläche hat. Zwischen den überknorpelten Gelenkflächen liegt ein enger Spalt. In diesem Gelenkspalt befindet sich Gelenkschmiere, die von der Gelenkmembran stammt, welche die Gelenkflächen miteinander verbindet. Eine starke und flexible Kapsel aus fasrigem Gewebe umschließt das Gelenk.

Das Schultergelenk ist ein Kugelgelenk. Es gewährt den größtmöglichen Bewegungsspielraum.

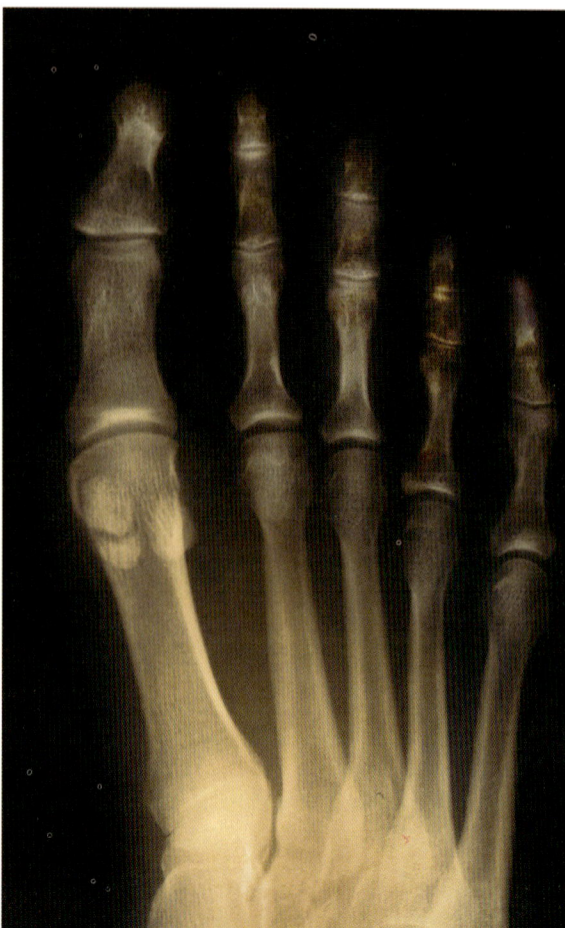

In der Röntgenaufnahme von Vorder- und Mittelfuß erkennt man gut die Spalten zwischen den einzelnen Gelenken, die für hohe Beweglichkeit sorgen.

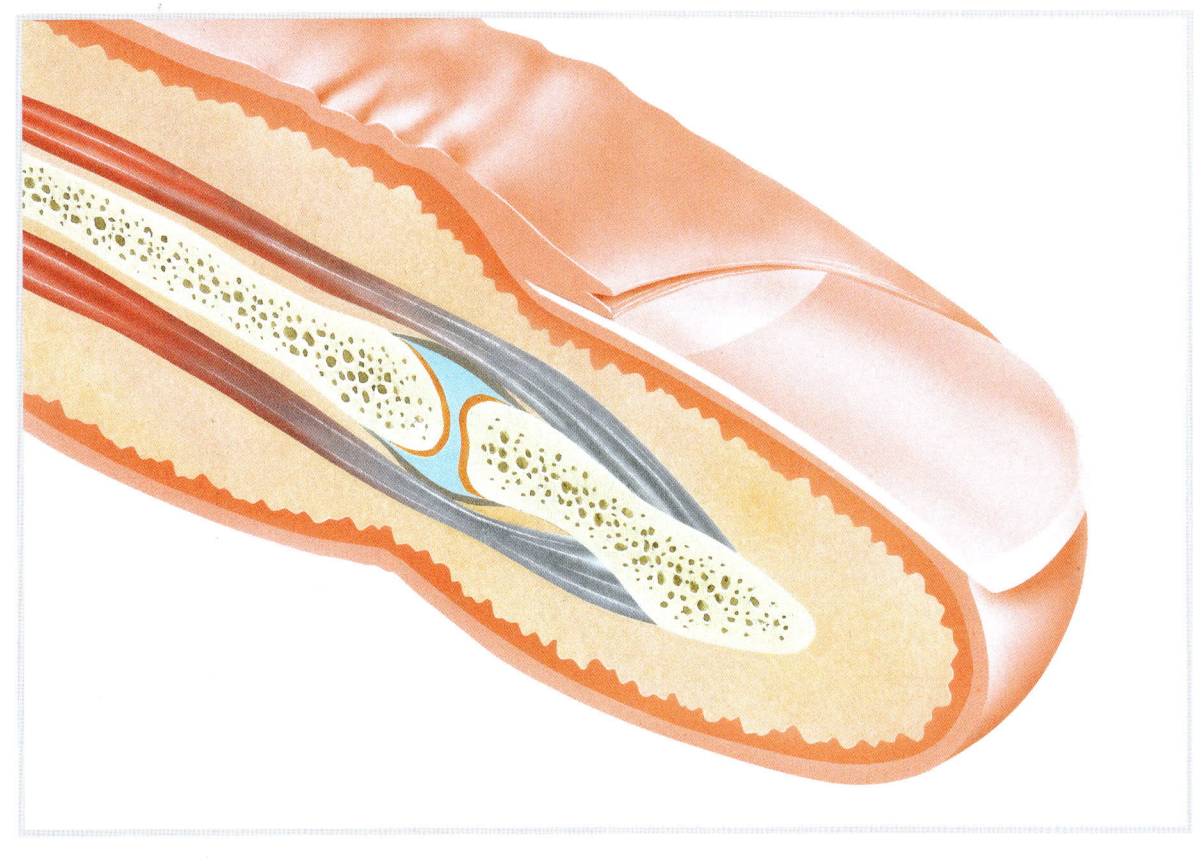

Der Aufbau des vorderen Gelenks eines Fingers in der Seitenansicht. Es gehört zum Typus des Scharniergelenks. Der Gelenkspalt zwischen den Fingerknochen ist deutlich zu sehen.

Was ist ein „synoviales Gelenk"?

Unter diesem Namen werden alle Gelenke mit Gelenkspalt – also die beweglichen Gelenke – zusammengefasst. „Synovia" ist das lateinische Wort für Gelenkschmiere.

Was zeichnet das Kniegelenk aus?

Das Kniegelenk wird manchmal auch als Drehscharniergelenk bezeichnet, weil es nicht nur das Beugen und Strecken des Unterschenkels ermöglicht, sondern es diesem auch erlaubt, in Beugestellung zu kreisen. Das ist möglich, weil das Knie kein Gelenk im eigentlichen Sinn ist, sondern hier zwei verschiedene Gelenktypen zusammenwirken.

Bei einer Verrenkung gerät ein Knochen im Gelenk so abrupt aus seiner normalen Lage, dass dabei die Bänder gedehnt oder verdreht werden. Behandelt wird eine Verrenkung, indem zunächst der betroffene Knochen wieder an seine ursprüngliche Position gebracht und das Gelenk anschließend ruhig gestellt wird.

Was passiert bei einer Verrenkung?

Die größtmögliche Bewegungsfreiheit bietet das Kugelgelenk (z. B. Schulter), das in jede Richtung drehbar ist. Reduziert die Gelenkpfanne den Bewegungsspielraum des Gelenkkopfs wie in der Hüfte um mehr als die Hälfte, spricht man von einem Nussgelenk. Das Eigelenk des Handgelenks erlaubt eine Bewegung um zwei Achsen. Der Daumen besitzt ein Sattelgelenk. Ein einachsiges Gelenk ist das Walzengelenk, von dem das Scharniergelenk eine Unterform darstellt – Bewegung ist nur in einer Richtung möglich, wie bei den Gelenken von Fingern, Zehen und Ellenbogen.

Wie beweglich sind die beweglichen Gelenke?

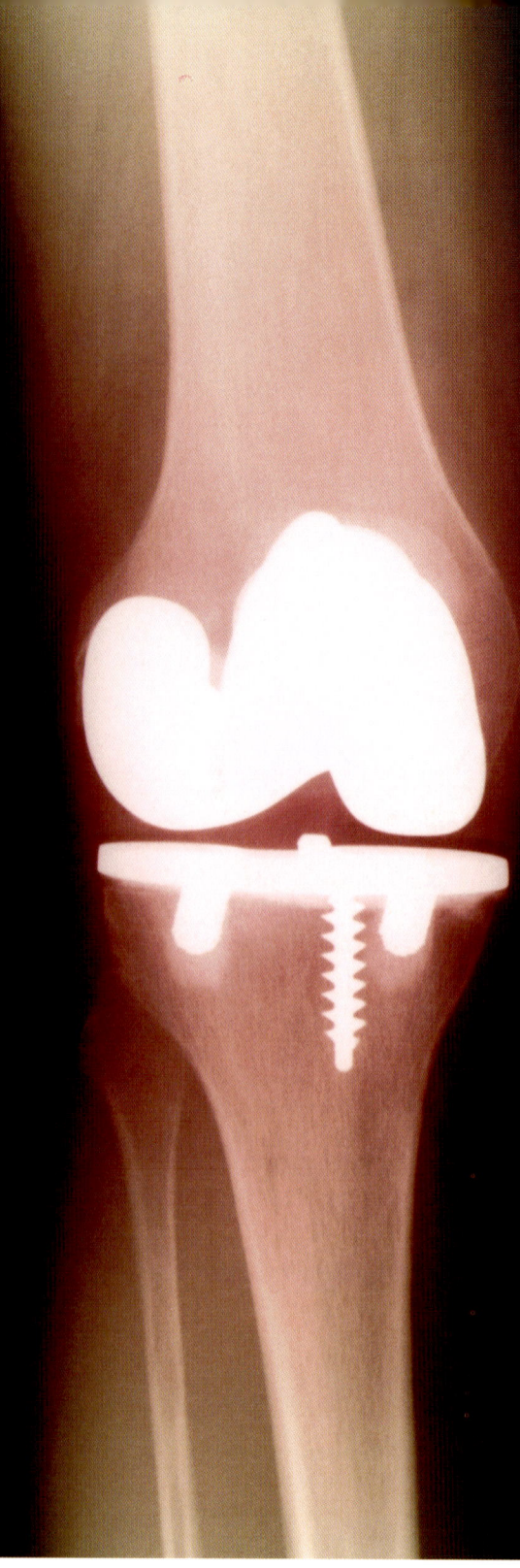

Was ist das Besondere am Daumen?

Er besitzt als einziger Körperteil das so genannte Sattelgelenk. Diese Gelenkform ist außergewöhnlich, denn sie ermöglicht ein Abspreizen und Gegenüberstellen des Daumens zu allen anderen Fingern der Hand. Erst mit der Herausbildung des Sattelgelenks wurde es den Primaten (Menschen und Menschenaffen) möglich, Dinge exakt zu greifen und Werkzeuge präzise einzusetzen.

Können sich Knochen nur an den Gelenken bewegen?

Neben der Gelenkverbindung können Knochen auch über Knorpelgewebe beweglich miteinander verbunden sein, weshalb diese Möglichkeit manchmal auch als „Knorpelgelenk" bezeichnet wird. Ein Beispiel dafür ist die Verbindung von Rippen und Brustbein. Beim Schädel eines Neugeborenen zeigt sich eine weitere Möglichkeit: Hier sind die Knochen beweglich über Bindegewebeplatten, die Fontanellen, verbunden.

Was sind künstliche Gelenke?

Wenn Gelenke geschädigt sind, kann man sie heutzutage oftmals ersetzen. Häufig betrifft dies das Hüft- und Kniegelenk älterer Menschen, denn diese Gelenke sind besonderen Belastungen ausgesetzt und weisen somit frühzeitiger als andere Schädigungen auf.

Das Knie ist ein Drehscharniergelenk. Es ermöglicht Beugen, Strecken und Kreiseln. Im seitlichen Längsschnitt ist zu sehen: A., B. Muskelgewebe, E. Oberschenkelbein, C., H. hyaliner Knorpel F., L., M. Bänder, die das Kniegelenk zusammenhalten, N. Schienbein, I. Kniescheibe, J., G. Fettgewebe, D., K. Meniskusscheiben – Polster aus Faserknorpel, die die Gewicht tragenden Knochen vor Stößen schützen.

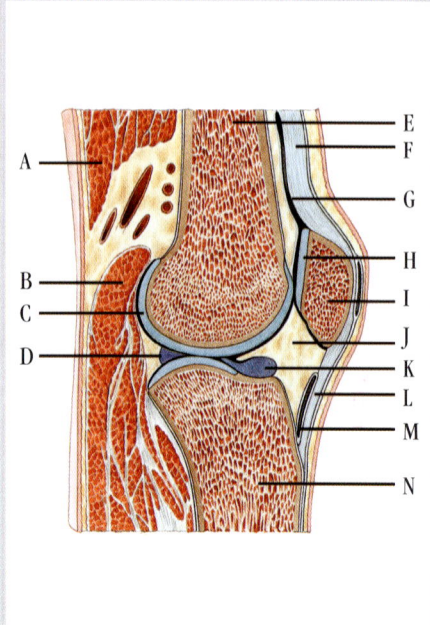

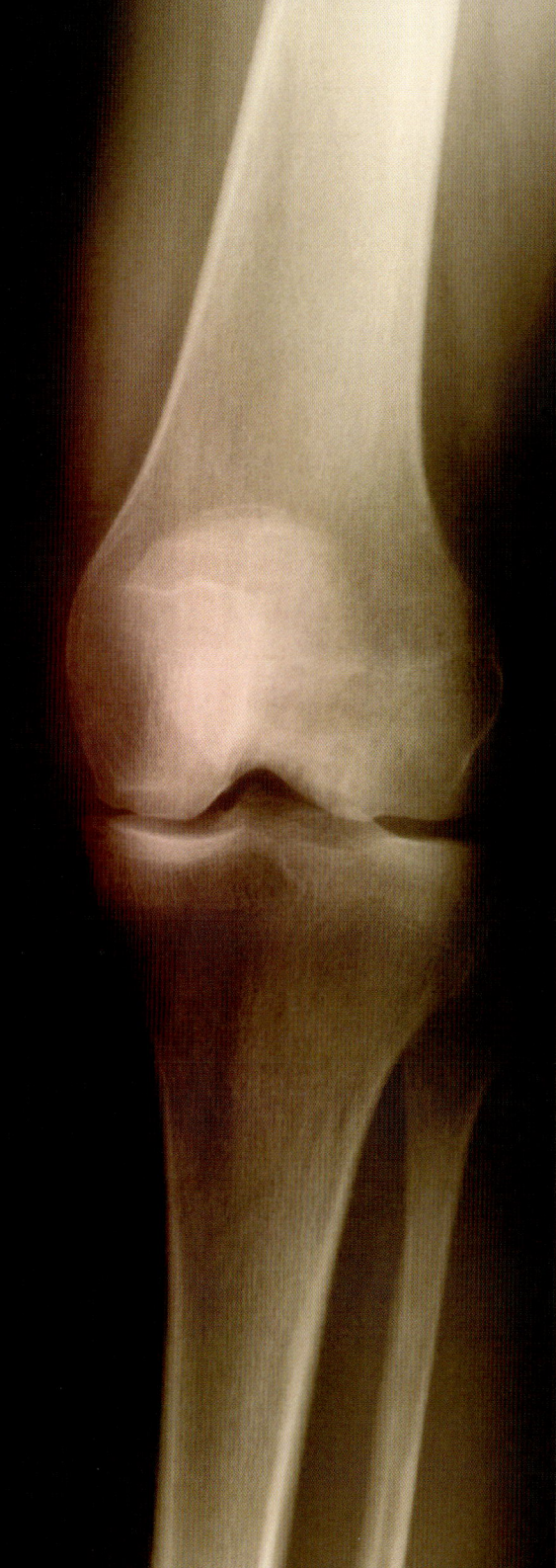

Alle Schädelknochen (natürlich mit Ausnahme des Kiefergelenks) sind durch unbewegliche Gelenke, die so genannten Schädelnähte, verbunden. In der Kindheit wachsen die Schädelknochen zunächst noch an diesen Nähten, bis sie ihre endgültige Größe erreicht haben. Nach Abschluss der Pubertät werden die Nähte nicht mehr benötigt und verknöchern allmählich.

Gibt es auch unbewegliche Gelenke?

Betrachtet man einen Basketballspieler, der sich gerade daranmacht, einen Korb zu werfen, in Zeitlupe, wird deutlich, wie viele unterschiedliche Teilbewegungen ausgeführt werden müssen, um etwas so scheinbar Einfaches zu tun, wie zu springen oder zu werfen. Tatsächlich wären die meisten unserer ganz alltäglichen Bewegungen – allen voran das aufrechte Gehen – mit lediglich einem oder zwei Gelenktypen nicht durchführbar.

Warum gibt es so viele Gelenktypen?

Auch Menschen, die solch artistische Bewegungsleistungen wie die Schlangenmenschen im Zirkus vollbringen und ihren Körper anscheinend nach Belieben in jede gewünschte Richtung verdrehen können, haben keineswegs mehr oder andere Gelenke, sondern verfügen lediglich über besonders dehnbare Bänder.

Was macht Menschen gelenkig?

In der Röntgenaufnahme sieht man, dass ein Kniegelenk (links) durch eine Prothese ersetzt wurde, die aus einer verschraubten Platte und einem künstlichen Gelenkkopf besteht.

Erst das Zusammenspiel von Gelenken ermöglicht solche atemberaubenden Sprünge.

Was macht die Muskulatur?

Muskeln dienen in erster Linie dazu, Bewegungen zu erzeugen, egal ob diese nun benötigt werden, um verschiedene Gesichtsausdrücke zu zeigen, das Herz schlagen zu lassen oder die Verdauung im Darm voranzutreiben. Die Skelettmuskulatur dient zudem der aufrechten Haltung.

Welche Aufgabe haben Sehnen?

Sie dienen der Übertragung der Muskelkraft auf die Knochen. Die Fasern der Sehne gehen an Muskelursprung und -ansatz in die kollagenen Fasern des Knochens über. Sehnen halten enorme Zugkräfte aus, sodass sie an den Knochen ziehen können, ohne zu zerreißen.

Woraus bestehen Sehnen?

Die Sehne besteht aus parallel verlaufenden, kräftigen Fasern des Eiweißes Kollagen. Sehnenzellen, die zwischen den kollagenen Fasern liegen, bilden und versorgen die Fasern.

Warum zittern wir, wenn uns kalt ist?

Droht dem Körper bei übergroßer Kälte Auskühlung, versucht er, durch unwillkürliche Kontraktionen der Muskeln zusätzlich Wärme zu erzeugen, um die Körpertemperatur aufrechtzuerhalten. Dieses Muskelzittern kann so stark werden, dass andere Bewegungen kaum noch möglich sind.

Eine Sehne setzt am Knochen an und verbindet einen Muskel sicher und zugfest mit dem Knochen.

Zahlreiche Bänder stabilisieren das Kniegelenk und ermöglichen kontrollierte Beuge- und Streckbewegungen.

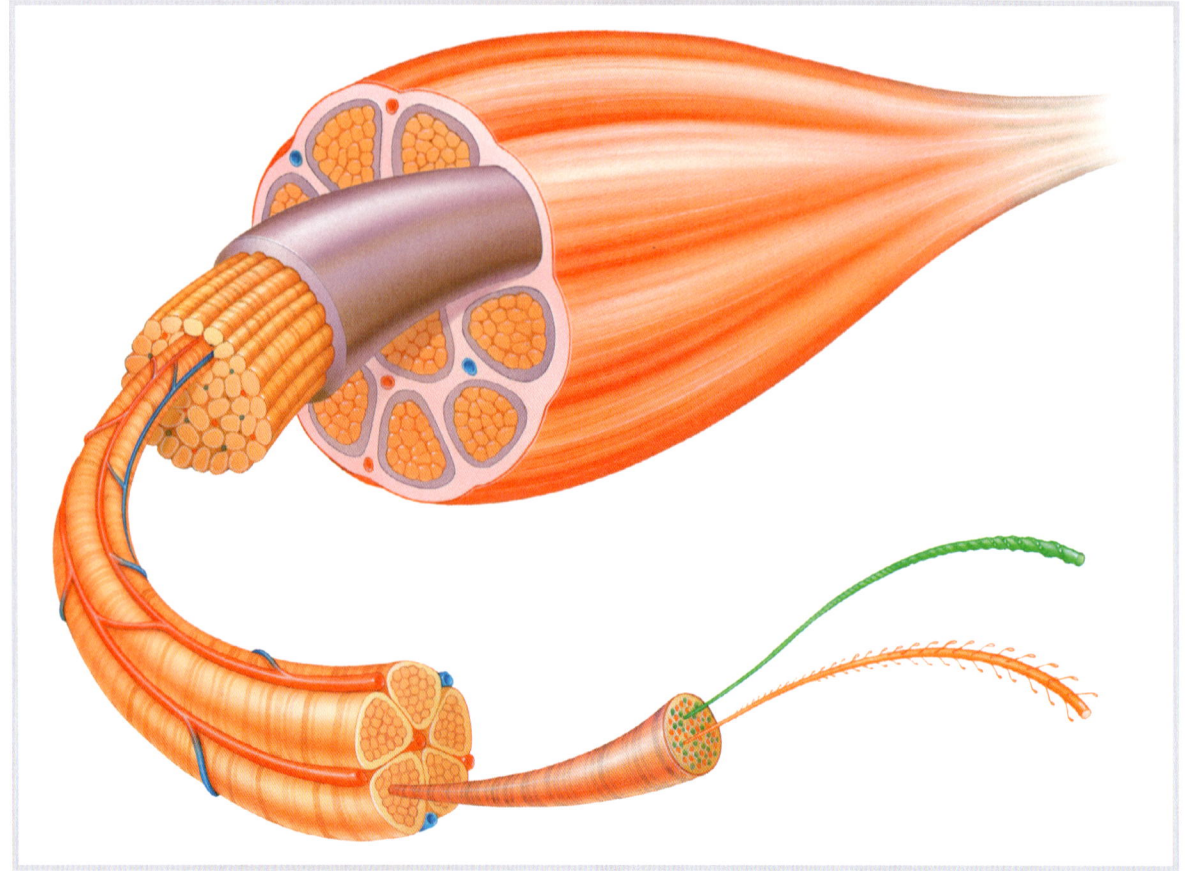

Aufbau eines Muskels: Die Muskelfaserbündel eines Muskels sind von Bindegewebe umhüllt (violett) und bestehen aus Muskelfasern. Jede der langen, zylindrischen Muskelfasern ist mit kleineren Fasern, den Myofibrillen, gefüllt. Myofibrillen sind wiederum mit hoch komplexen Eiweißstäben gefüllt: Aktin (grün) und Myosin (orange).

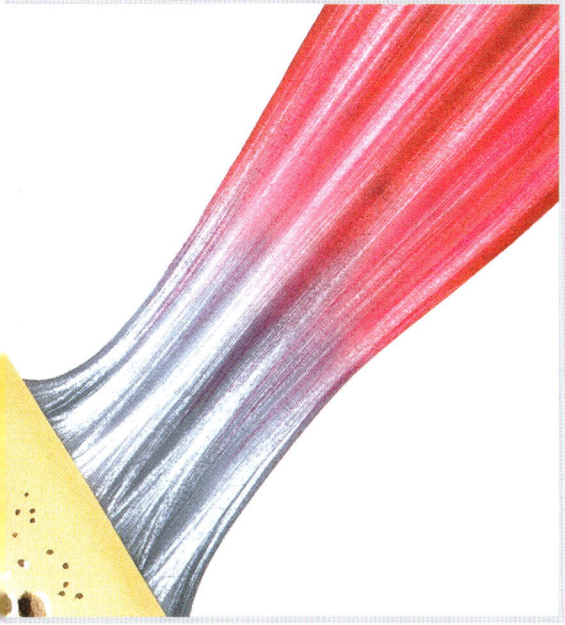

An Stellen wie dem Handgelenk unterliegen die Sehnen starker Reibung. Zu ihrem Schutz werden sie dort von den Sehnenscheiden umgeben, die man sich wie einen mit Schmiermittel gefüllten Schlauch vorstellen kann. Doch bei andauernder Überlastung kann auch dieser Schutz nicht verhindern, dass es zu mikroskopisch kleinen Rissen in der Sehne kommt und sie sich entzündet. Dann hilft es nur, diesen Körperteil ruhig zu stellen.

Was ist eine Sehnenscheiden-entzündung?

In den Wänden von Hohlorganen wie Magen, Darm oder Blase findet sich die glatte Muskulatur. Sie kann sich nur langsam, aber dafür ausdauernd zusammenziehen und lässt sich nicht bewusst steuern. Ihr gegenüber steht die Skelettmuskulatur, die gezielt gesteuert werden kann, kraftvoll kontrahiert, dafür aber schnell ermüdet. Einen Sonderfall bildet die Herzmuskulatur, die beide Arten kombiniert, um ein Leben lang regelmäßig und automatisch Blut durch den Körper pumpen zu können.

Welche Muskelarten gibt es?

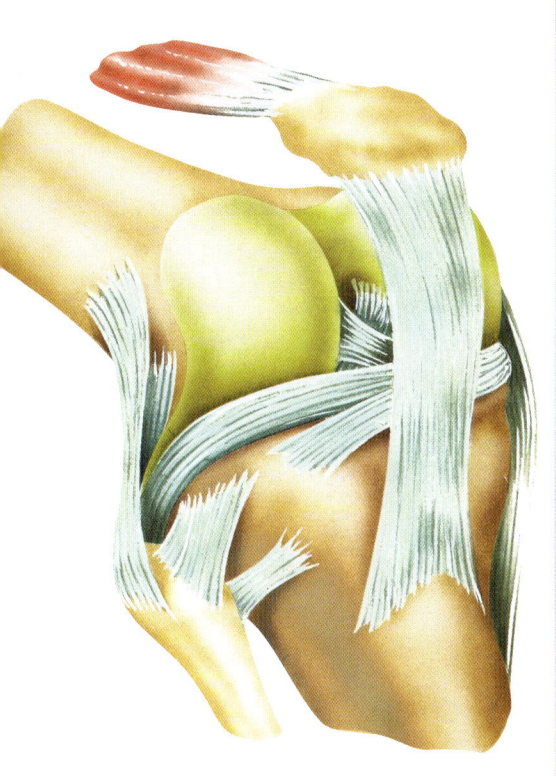

Ein Skelettmuskel setzt sich aus Bündeln mehrkerniger Einzelfasern zusammen, die von einer Bindegewebshülle umgeben und von Blutgefäßen und Nerven versorgt werden. Jede Faser wiederum besteht aus so genannten Myofibrillen, die durch das Ineinandergleiten der in ihnen enthaltenen Eiweißsubstanzen Aktin und Myosin die Muskelfaser verkürzen. Eine Faser ist bis zu 20 cm lang und kann sich durch Kontraktion maximal um die Hälfte verkürzen.

Wie ist ein Skelettmuskel aufgebaut?

Bänder bestehen aus parallel verlaufenden Kollagenfasern und verbinden bei beweglichen Gelenken die benachbarten Knochen miteinander. Ihre Hauptaufgabe liegt in der Stabilisierung und Führung des betreffenden Gelenks. Zumeist befinden sich die Bänder außerhalb der Gelenkkapsel, es gibt aber Ausnahmen, etwa beim Kniegelenk.

Welche Aufgabe haben Bänder?

Wie steuert man seine Bewegungen?

Muskeln sind vollkommen anders aufgebaut als die Nerven, die unsere Gedankenimpulse durch den Körper tragen. Damit also ein Befehl, wie mit den Fingern zu wackeln, überhaupt an die entsprechenden Muskeln gelangen kann, braucht es eine Art Übersetzer. Diese Aufgabe übernimmt die motorische Endplatte. Sobald sie vom Nerv ein Signal erhält, setzt sie den Botenstoff Acetylcholin frei, der dann wiederum das Zusammenziehen der Muskeln bewirkt.

Treten Muskeln immer paarweise auf?

Muskeln können sich zwar auf Befehl zusammenziehen, nicht aber von selbst wieder strecken. Deshalb brauchen sie immer einen oder mehrere „Gegenmuskeln", die sie wieder in die Länge ziehen, indem sie sich selbst verkürzen. Bei der Armbewegung ist das gut zu erkennen: Beugt man den Arm am Ellenbogen, zieht der Bizeps vorn am Oberarm die Unterarmknochen nach oben, streckt man ihn wieder, kommt der Trizeps auf der Unterseite zum Einsatz.

Wieso bekommt man Muskelkater?

Derzeit gibt es zwei Theorien, warum es bei einem Übermaß an sportlicher Betätigung zu Muskelschmerzen kommt. Nach der einen ist dafür ein Mangel an Sauerstoff im Muskelgewebe verantwortlich, der zu einer Übersäuerung der Muskeln führt, nach der anderen sind mikroskopische Risse die Ursache, durch die Wasser ins Gewebe eindringen kann. Durch vorbereitende Aufwärm- und Dehnübungen kann der Muskelkater aber auf jeden Fall vermieden werden.

Was hat die Motorik mit dem Motor zu tun?

Die Motorik ist die Lehre von den (Muskel-)Bewegungen. Oft wird sie weiter unterteilt in die Grobmotorik, die sich mit Dingen wie Laufen und Springen beschäftigt, und die Feinmotorik, welche vor allem die Fingerkoordination betrifft. Mit dem Automotor verbindet die Motorik nur der Name: „Motor" heißt auf Lateinisch „Beweger".

Mit diesem Gummihämmerchen prüft der Arzt unsere angeborenen Muskelreflexe.

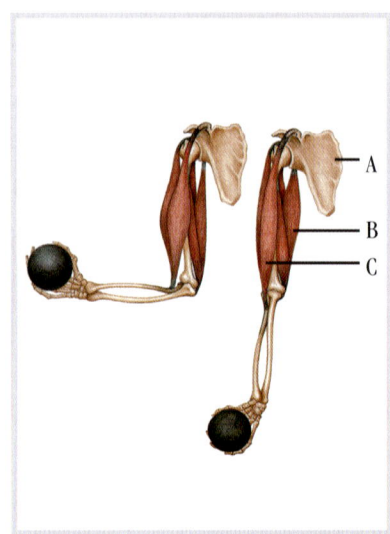

Antagonistisches Arbeiten von Bizeps- (C) und Trizepsmuskel (B), die am Schulterblatt ansetzen (A), beim Beugen und Strecken des Unterarms. Der Bizeps beugt den Arm, während der Trizeps ihn streckt.

Erst durch das Zusammenspiel mit dem zentralen Nervensystem werden die Möglichkeiten des Bewegungsapparates voll ausgeschöpft. Die motorischen Felder von Gehirn und Rückenmark senden via Nervenfasern Informationen an die betreffenden Muskeln. Diese reagieren prompt und kontrahieren sich. Die daraus resultierenden Bewegungen können vom Tragen schwerer Lasten bis hin zum virtuosen Klavierspiel reichen.

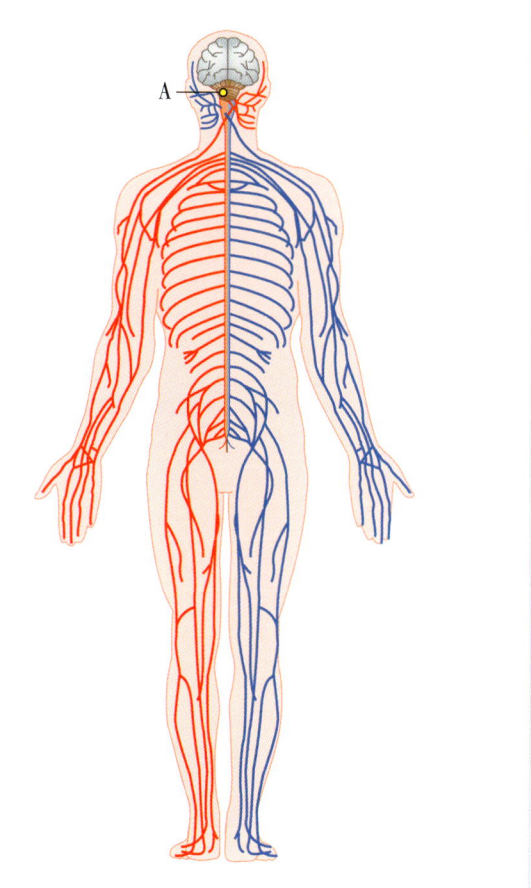

Die beiden Gehirnhälften steuern jeweils die gegenüberliegende Körperhälfte. Wenn der linke Teil des Hirnstamms (A) geschädigt wird, kommt es rechtsseitig zu Lähmungen.

Laufen alle Bewegungen bewusst ab?

Bewegungen laufen so lange bewusst ab, wie deren Bestandteile noch nicht vollkommen verinnerlicht sind. Solche Bestandteile sind z. B. eingesetzte Kraft, Abstand von Gliedmaßen, Rhythmus, eingesetzter Winkel des Gelenks oder der Körperteil, mit dem die Bewegung ausgeführt wird. Man probiert so lange, bis man meint, ein Optimum gefunden zu haben. Danach beginnt das Einüben, bis man die Bewegung „wie im Schlaf" ausführen kann. Schließlich kann die Bewegung nahezu ohne zusätzliche Aufmerksamkeit erfolgen – man hat sie automatisiert. Beispiele hierfür sind Radfahren, Tanzen, Klavierspielen oder Schreiben.

Wie funktioniert ein Reflex?

Reflexe gehören ebenfalls zu den unbewussten Bewegungen, allerdings müssen sie nicht erst erlernt werden, sondern sind angeboren. Bei einem Reflex wird eine Meldung aus den Sinneszellen nur bis zum Rückenmark geleitet, das dann sofort eine angemessene Reaktion einleitet.

Was ist die Folge eines Rückenmarkschadens?

Wird das Rückenmark in der Wirbelsäule beschädigt oder gar durchtrennt, etwa infolge eines Autounfalls, wird die Kommunikationsbahn zwischen Gehirn und Muskel unterbrochen. Meistens bleibt der Körper unterhalb der betroffenen Stelle gelähmt. Wird das Rückenmark im unteren Bereich verletzt, kommt es zu einer Beinlähmung (Paraplegie), während schwere Verletzungen im Nackenbereich zu einer Arm- und Beinlähmung (Tetraplegie) führen.

Was ist die Parkinson'sche Krankheit?

Das deutlichste Merkmal ist das starke Zittern von Gliedmaßen, die gerade nicht willkürlich bewegt werden. Ursache ist offenbar ein Mangel eines bestimmten Botenstoffs im Gehirn. Durch die daraus resultierende Störung des Nervensystems versagt die ansonsten unbewusst ablaufende Muskelkontrolle des Gehirns.

A T M U N G

Das Herz ist ein faustgroßer Muskel, der das Blut über ein Netz von Blutgefäßen durch den Körper pumpt. Das Blut versorgt die verschiedenen Zellen der Organe mit Nährstoffen und Sauerstoff und bringt weiße Blutkörperchen an Entzündungsherde, damit sie dort gegen Krankheitskeime kämpfen können. Außerdem nimmt das Blut Abfallstoffe mit und führt sie den „Entsorgungsstationen" Lunge, Leber und Niere zu. In die Lunge führt es das Kohlendioxid ab, das dort ausgeatmet wird, während der Sauerstoff aus der Atemluft das Blut anreichert.

Wie sieht das Herz innen aus?

Das Herz arbeitet als Doppelpumpe. Die linke Seite pumpt Blut in die einzelnen Körperorgane, die rechte Seite zu den Lungenflügeln. Jede Seite besteht aus einem Vorhof und einer Kammer. Die beiden Seiten sind jeweils durch eine dicke Muskelschicht voneinander getrennt.

Wie arbeitet das Herz?

Das Herz pumpt mit seiner linken Kammer das sauerstoffreiche Blut durch die Arterien des großen Körperkreislaufs zu den Blutkapillaren in den Geweben. Über die Venen gelangt das sauerstoffarme Blut zurück zum Herzen und wird vom kleinen Lungenkreislauf von der rechten Herzkammer durch die Lunge gepumpt und dann als sauerstoffreiches Blut zum linken Herzen geleitet.

Wie arbeiten Lungen und Herz zusammen?

Damit jeder Zelle stets genügend Sauerstoff zur Verfügung steht, arbeiten das Herz und die Lunge Hand in Hand und passen ihre Leistung den Erfordernissen an. So nimmt bei körperlichen Anstrengungen die Atem- und die Herzfrequenz zu.

Was sind Diastole und Systole?

So nennt man die beiden Phasen der rhythmischen Herzaktivität. In der Diastole füllen sich die Kammern mit Blut. In der Systole zieht sich das Herz zusammen und stößt das Blut aus den Kammern in die Lungenarterie bzw. die Aorta aus.

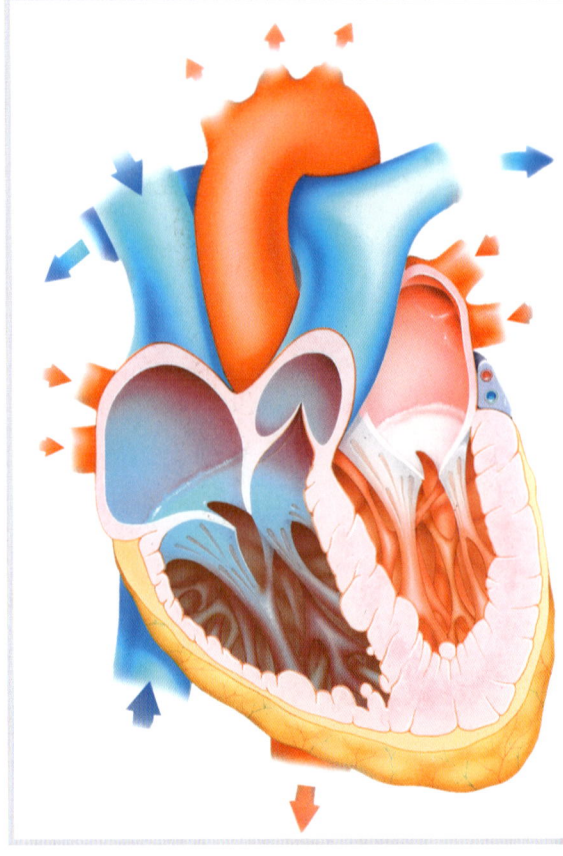

Sauerstoffarmes Blut (blau) tritt über die obere und untere Hohlvene in den rechten Vorhof ein. Danach fließt es in die rechte Kammer und dann über die Lungenarterie in die Lunge. Sauerstoffreiches Blut (rot) kommt über die Lungenvenen in den linken Vorhof. Das Blut fließt in die rechte Kammer, um von dort über die Aorta weiter in den Körperkreislauf zu gelangen.

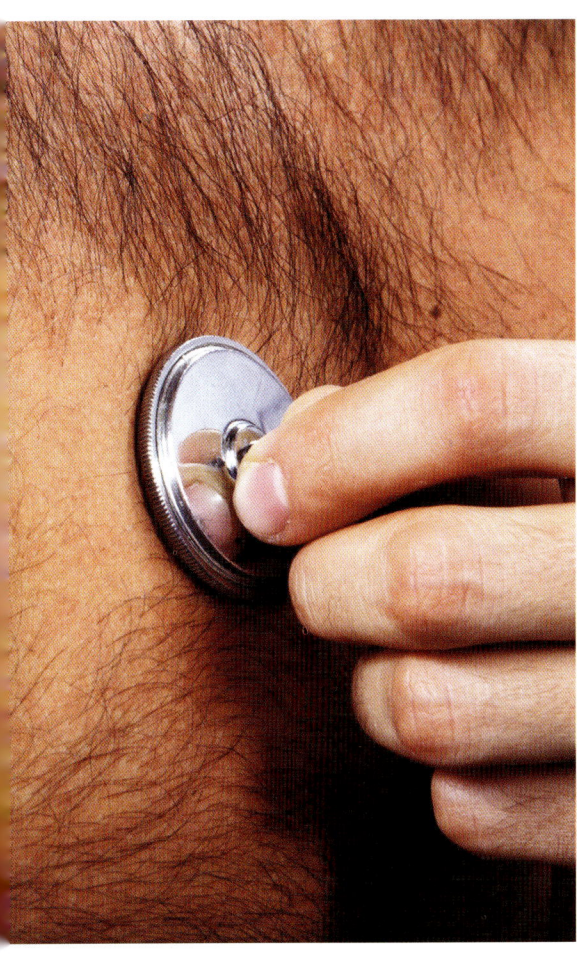

Die Herztöne kann der Arzt prüfen durch eine Untersuchung mit dem Stethoskop. Das Instrument wird dazu an mehreren Stellen an der Brust angelegt, während der Arzt durch Ohrstöpsel, die mittels Schläuchen mit dem Gerät verbunden sind, auf die Geräusche lauscht.

Wenn man sich in einer Ruhephase befindet, schlägt das Herz zwischen 60 und 80 Mal in der Minute. In dieser Minute werden durchschnittlich fünf Liter Blut im Körper umgewälzt. Wenn man Sport treibt, kann sich die Herzfrequenz leicht auf 180 Schläge pro Minute erhöhen. Sie ist abhängig vom Trainingszustand.

Wie oft schlägt ein Herz?

Sie funktionieren etwa wie ein Schleusentor zwischen Vorhof und Kammer bzw. Blutgefäß und Kammer und sorgen für die richtige Strömungsrichtung des Blutes. Wenn das Herz sich zusammenzieht, dichten die Segelklappen die Kammern gegen die Vorhöfe ab. Wenn sich der Herzmuskel entspannt, verhindern Taschenklappen den Rückstrom von Blut aus den Blutgefäßen in die Kammern.

Wozu braucht man Herzklappen?

Die Herzkranzgefäße übernehmen diese Aufgabe. Zwei Koronararterien versorgen den Herzmuskel mit Nährstoffen und Sauerstoff. Wenn die Herzkranzgefäße durch Ablagerungen innerlich verengt sind, kann es zur Mangelversorgung in dem betreffenden Herzmuskelbereich kommen.

Wie wird das Herz selbst versorgt?

Herztöne entstehen immer beim gesunden Herzen. Der Erste entsteht beim Anspannen der Herzmuskulatur am Beginn der Systole. Der Zweite ist etwas schwächer und ensteht in der Diastole beim Schließen der Taschenklappen. Herzgeräusche treten auf, wenn die Klappen zu eng oder undicht sind, was nicht normal ist.

Sind Herztöne das gleiche wie Herzgeräusche?

Ein Teil des Herzmuskelgewebes ist für die elektrische Erregungsbildung und -leitung zuständig. Beim Elektrokardiogramm (EKG) werden diese elektrischen Herzströme aufgezeichnet. Das EKG liefert Informationen über den Gesundheitszustand des Herzens.

Was ist ein EKG?

Was ist der Kreislauf?

Das Blut ist das wichtigste Transportmittel im Körper. Ähnlich wie die Ringlinie einer Straßenbahn wird es in einem „Kreislauf" ohne Start- und End- haltestelle im Körper herumgeführt. Damit das Blut immer in Bewegung bleibt, pumpt das Herz ein Leben lang ununterbrochen. Blut, Blutgefäße und das Herz bilden das Kreislaufsystem.

Welche Blutgefäße gibt es?

Man unterscheidet grundsätzlich zwei Arten: Gefäße, die das Blut vom Herzen weg führen, heißen Arterien. Venen heißen alle Gefäße, die das Blut zum Herzen bringen.

Wie sind die Blutgefäße aufgebaut?

Grundsätzlich sind die Wände der Arterien und Venen aus drei Schichten aufgebaut. Arterien haben eine dickere Wand als Venen, weil sie grö- ßerem Druck ausgesetzt sind. Venen kann man an den Klappen in ihrem Inneren erkennen. Sie verhindern, dass das Blut zurückströmt.

Was sind Haar- gefäße?

Die auch als Kapillaren bekannten Haargefäße stellen das Bindeglied zwischen Arterien und Venen dar. Hier erfolgt der Stoffaustausch mit den umliegenden Zellen. Kapillaren bestehen nur aus einer Schicht.

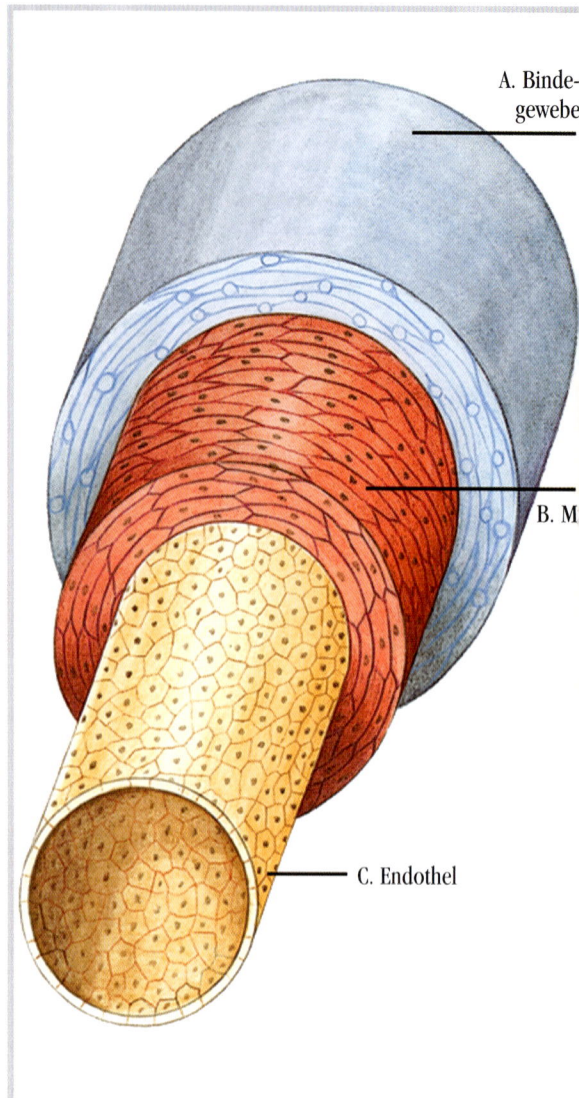

A. Binde- gewebe

B. M

C. Endothel

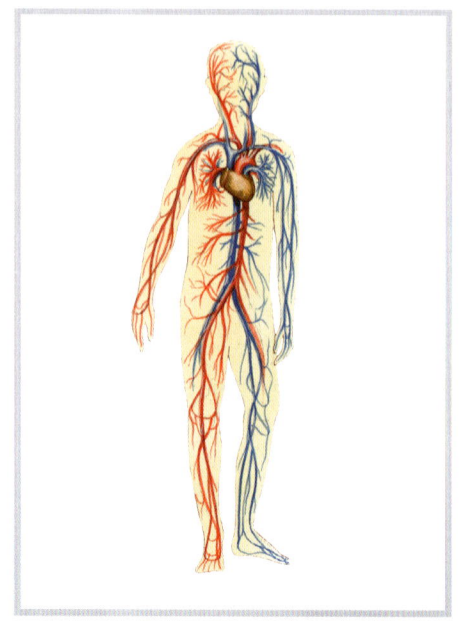

Ein Netz von Blut- gefäßen versorgt den Körper: die Hauptarte- rien (rot) und die Hauptvenen (blau) sind jeweils nur für eine Körperhälfte dargestellt.

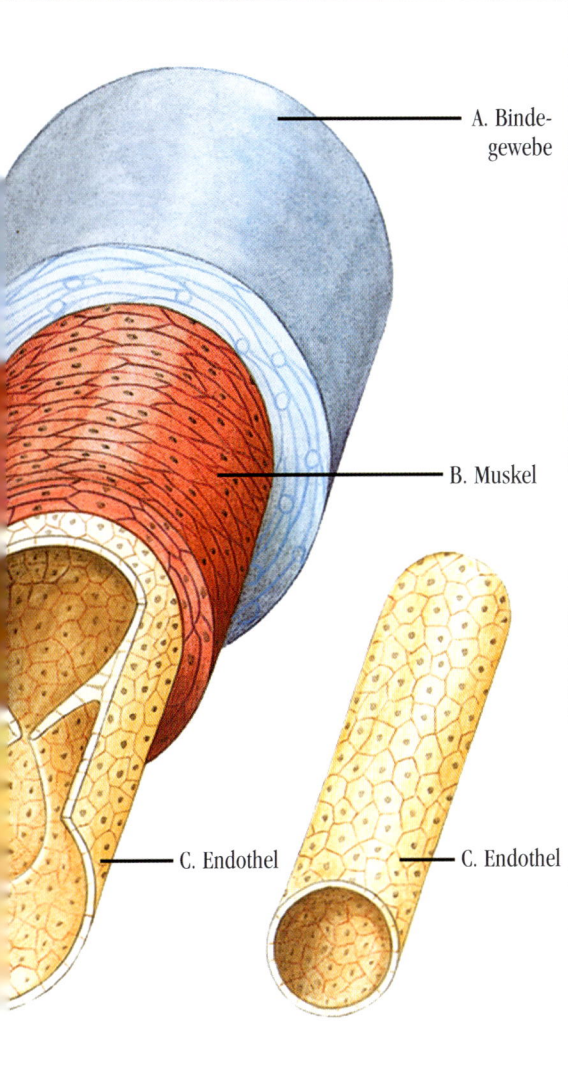

A. Binde-
gewebe

B. Muskel

C. Endothel   C. Endothel

Die Wände der Blutgefäße sind nach folgendem Bauplan aufgebaut: C. die innere Auskleidung (Endothel); B. die Muskelschicht, die bei Arterien dicker ist als bei Venen; A. die äußere Bindegewebsschicht. Die Kapillaren bestehen manchmal nur aus einer Lage flacher Zellen.

Sauerstoffreiches Blut (rot) fließt durch Arterien, die sich in kleinste Arteriolen verzweigen. Diese teilen sich in winzige Haargefäße (Kapillaren) auf. Kapillaren liegen eng an den Gewebezellen, um eine optimale Versorgung zu gewährleisten. Danach vereinen sich die Kapillaren zu kleinsten Venen (Venolen), die sich zu Venen zusammenschließen und das sauerstoffarme Blut zum Herzen bringen.

Mit jedem Herzschlag wird eine Druckwelle entlang der Arterien ausgesandt. Diese Druckwelle lässt sich beim Ertasten einer Arterie als Puls fühlen. Dazu legt man Zeige- und Mittelfinger mit sanftem Druck auf die Speichenschlagader an der Handgelenksinnenseite. Es werden die Pulsschläge in einer Minute gezählt.

Wie misst man den Puls?

Aus dem Herzen kommt es mit etwa 70 Zentimeter pro Sekunde heraus. Die Strömungsgeschwindigkeit geht bereits in der Aorta auf 20 Zentimeter pro Sekunde zurück. In den Arterien fließt das Blut mit circa 5-10 Zentimetern pro Sekunde.

Wie schnell fließt das Blut durch den Körper?

Die Arterien verteilen das Blut im Körper. Weil sie so elastisch sind, gleichen sie die enormen Strömungsunterschiede aus, die am Anfang der Aorta herrschen. Man sagt auch, sie üben eine Windkesselfunktion aus.

Was ist eine Windkessel-funktion?

Wie viel Blut ein Organ durchfließt, hängt zum einen von der Lebenswichtigkeit des Organs, andererseits vom momentanen Bedarf ab. Aber auch, ob sich der Körper in Ruhe oder in Bewegung befindet.

Werden alle Organe mit der gleichen Menge Blut versorgt?

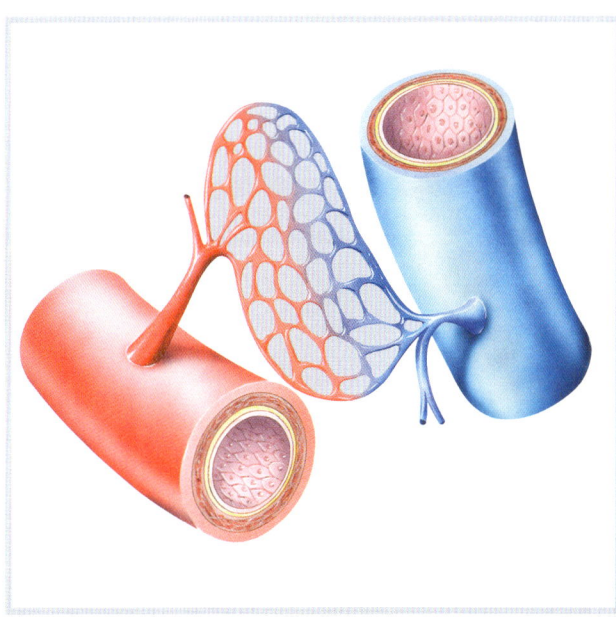

Wieso werden die Nieren so gut durchblutet?

Die Nieren übernehmen die lebenswichtige Funktion der Blutreinigung. So wiegen die Nieren zwar nur rund 300 Gramm, werden aber mit mehr als einem Liter in der Minute durchblutet.

Wie sieht die Durchblutung bei Bewegung aus?

Es wird viel mehr Blut in der Minute durch das Herz ausgworfen als in Ruhe. Statt fünf Litern können es schnell über 16 Liter pro Minute werden. Drei Viertel davon, also 12 Liter in der Minute erhält die Skelettmuskulatur, die jetzt viel arbeitet. Dreimal mehr als in Ruhe bekommen die Herzkranzgefäße, die den Herzmuskel versorgen.

Wie wird der Verdauungstrakt durchblutet?

In Ruhe gelangt fast ein Drittel des Blutes in den Verdauungstrakt. Wenn der Körper sich bewegt oder gar schwere Arbeit verrichtet, müssen die Verdauungsorgane mit weniger auskommen.

Wie ist das Blut im Kreislauf verteilt?

Wenn man sich in einer Ruhephase befindet, ist der weitaus größte Teil des Bluts in den Venen zu finden, nämlich nahezu 70 Prozent. Sie stellen eine Art Blutspeicher dar. Platz zwei nehmen die Arterien mit fast einem Liter Blut ein.

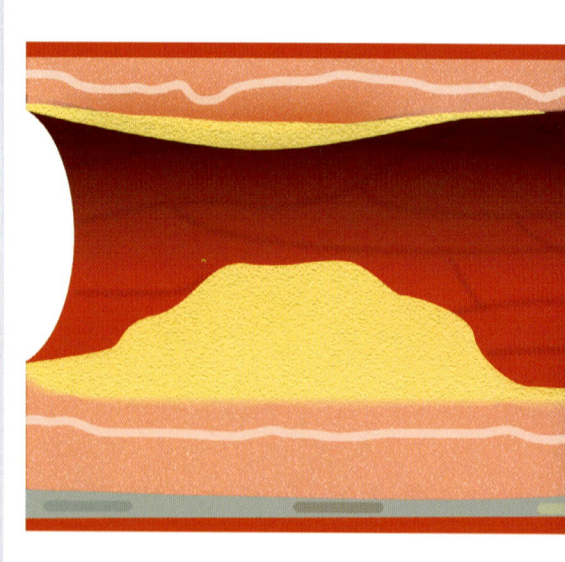

Längsschnitt durch ein Gefäß: Wenn fetthaltige Stoffe (gelb) sich in der Gefäßwand ablagern, behindern sie den Blutfluss und verengen die Arterie. Es kommt schließlich zur Arteriosklerose oder sogar zu einem kompletten Arterienverschluss.

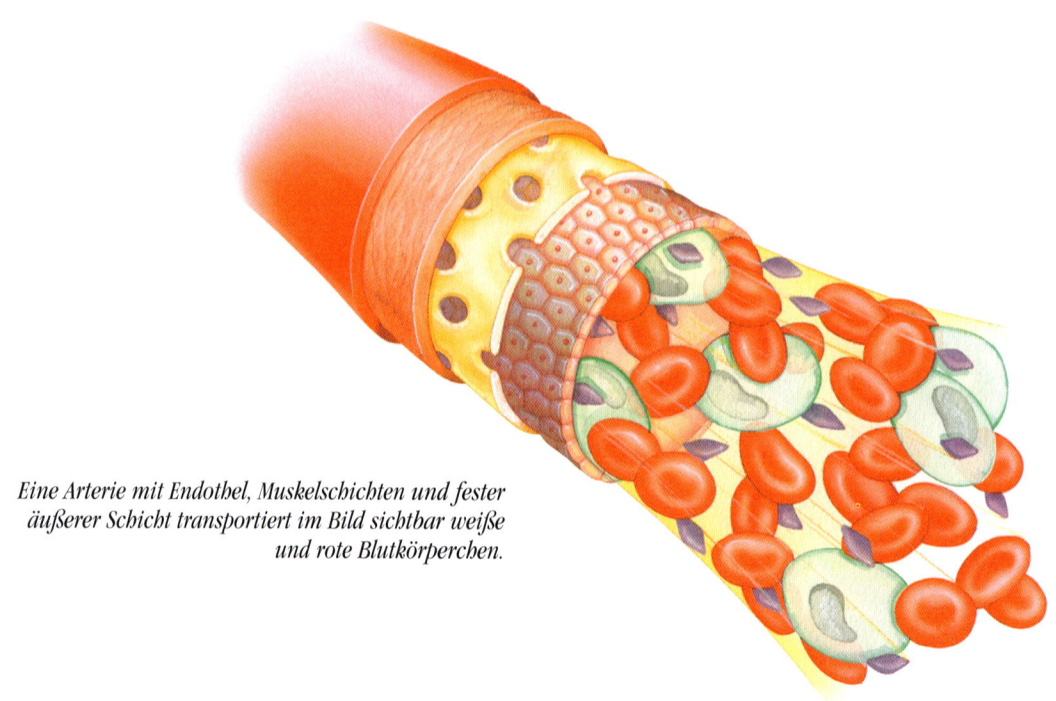

Eine Arterie mit Endothel, Muskelschichten und fester äußerer Schicht transportiert im Bild sichtbar weiße und rote Blutkörperchen.

Ein Blutdruckmessgerät besteht aus einer aufblasbaren Manschette und einem Druckmesser.

Was ist der Blutdruck?

Dies ist die Kraft, mit der das Herz das Blut durch die Adern drückt. Entsprechend den zwei Phasen eines Herzzyklus misst man zwei verschiedene Blutdruckwerte: einen maximalen systolischen und einen minimalen diastolischen Wert.

Wie misst man den Blutdruck?

Eine Manschette wird am Oberarm angelegt und so weit aufgepumpt, dass kein Blut mehr durch die Armschlagader fließt. Während dann der Druck langsam abgelassen wird, hört man mit dem Stethoskop in der Ellenbeuge über der Armschlagader, wann der Puls wieder hörbar ist.

Durch die Kontraktionen des Muskelgewebes, das die Venen umgibt, werden sie zusammengedrückt, und das Blut wird somit zum Herzen geleitet. Die Venenklappen verhindern dabei den Rückfluss. Ähnlich wirken sich die Bewegungen der Wände der Arterien aus, verlaufen doch Venen und Arterien oftmals parallel und in enger Nachbarschaft. Schließlich sorgt der niedrige Druck im Brustkorb dafür, dass das Blut vom Herzen regelrecht angesogen wird.

Regelmäßige sportliche Betätigung stärkt das Herz und hält den Blutdruck auf einem gesunden Niveau. Besonders die so genannten Ausdauersportarten wie beispielsweise Radfahren, Schwimmen, Laufen, Inline-Skating oder Langlaufen haben diese positive Wirkung. Aktive Sportler haben meist einen niedrigen Ruhepuls, was das Herz schont. Es muss dann pro Minute weniger oft schlagen.

Wie kommt es, dass das Blut in den Venen zum Herzen zurückfließt?

Wie wirkt sich Sport auf das Herz-Kreislauf-System aus?

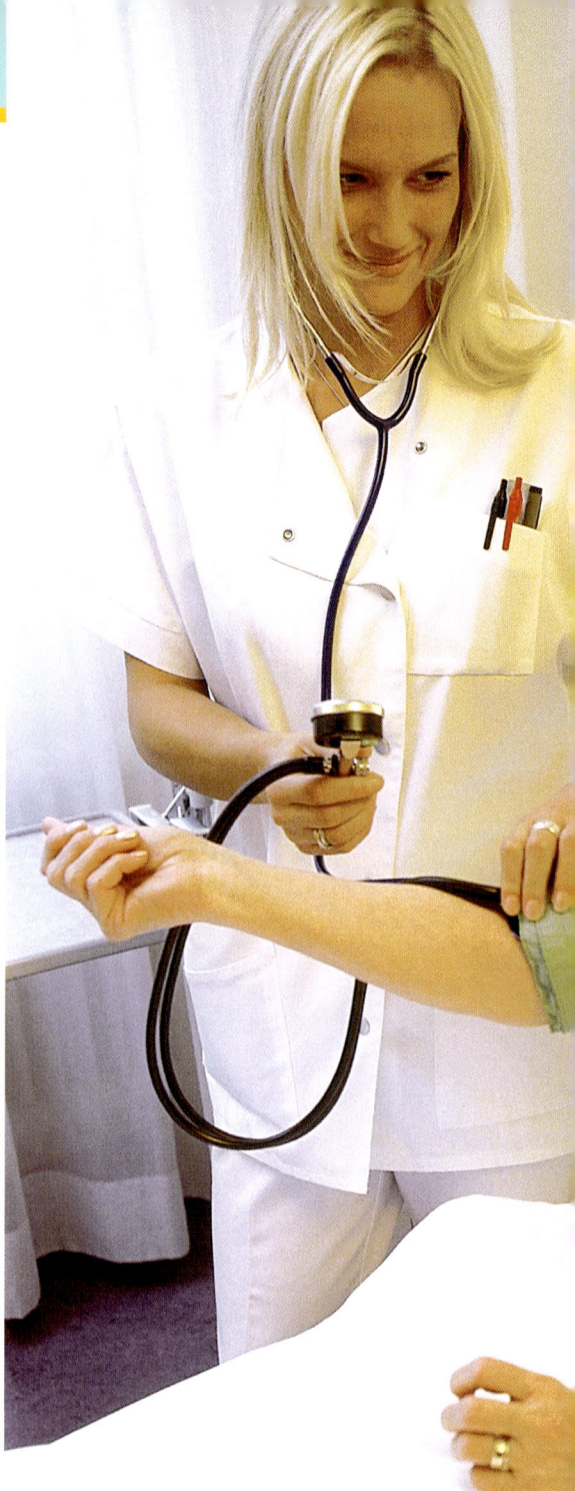

Was ist Blut?

Blut versorgt die Körperzellen mit Sauerstoff und Nährstoffen und transportiert Abfallstoffe und Wärme ab. Es besteht aus Blutplasma, weißen und roten Blutkörperchen und Blutplättchen. Ein einziger Tropfen Blut enthält 450000 weiße Blutkörperchen, 250 Millionen rote Blutkörperchen und 15 Millionen Blutplättchen.

Warum ist Blut rot?

Die Färbung entsteht durch das Hämoglobineiweiß, den wichtigsten Bestandteil der roten Blutkörperchen.

Welche Aufgabe haben die roten Blutkörperchen?

Sie transportieren den Sauerstoff von den Lungen zu den Körperzellen, tauschen ihn dort gegen Kohlendioxid aus und befördern dieses wieder zurück zur Lunge. Sowohl Sauerstoff als auch Kohlendioxid benötigen für ihren Transport das in roten Blutkörperchen vorhandene Hämoglobin.

Was versteht man unter Blutdruck?

Dies ist die Kraft, mit der das Herz das Blut durch die Adern drückt. Gemessen wird der Blutdruck mittels einer Armmanschette und dem Druckmessgerät. Der Blutdruck zeigt an, ob Herz und Kreislauf gesund sind.

Das rote Blutkörperchen besitzt eine markante, tellerartige Form.

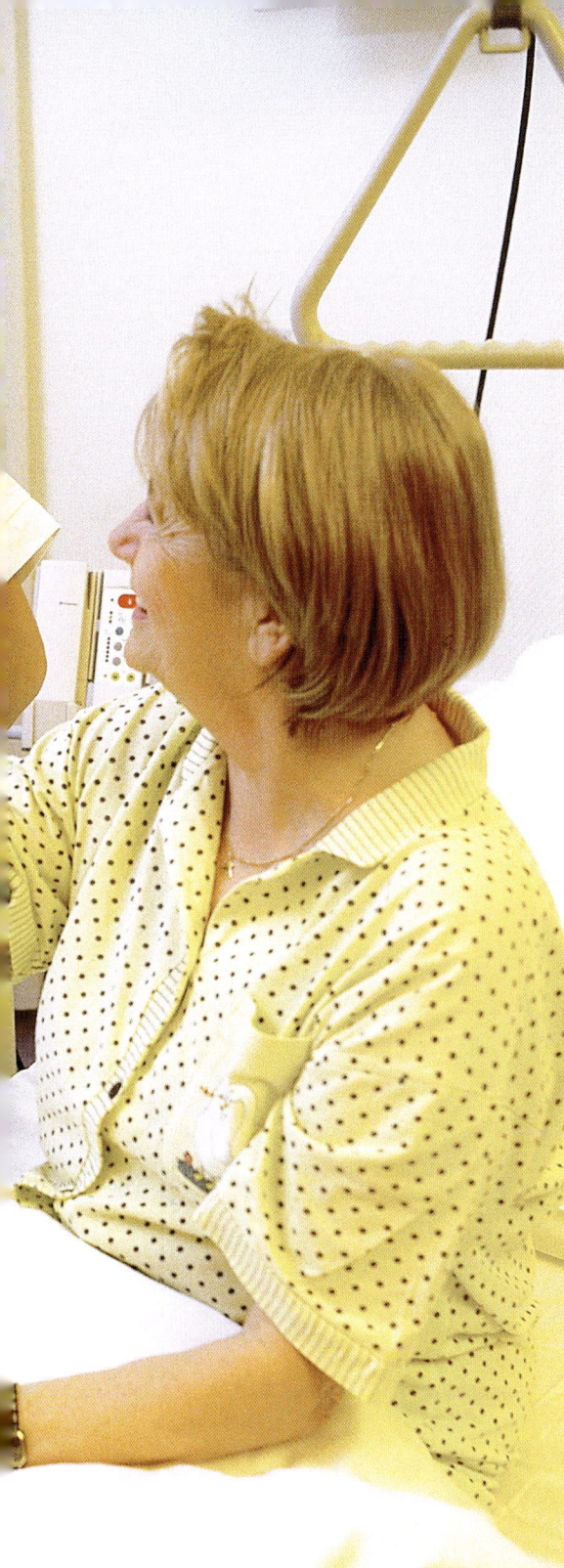

Weiße Blutkörperchen, die Leukozyten, stellen unser Verteidigungsheer gegen Krankheitserreger und andere Eindringlinge dar. Es gibt fünf verschiedene Typen, die bei der Abwehr Hand in Hand zusammenarbeiten.

Welche Aufgabe haben die weißen Blutkörperchen?

Diese Zellbruchstücke sind wichtig für den Wundverschluss – an einer Wunde verklumpen sie und verschließen sie so. Bei kleineren Wunden reicht der Wundverschluss mit Blutplättchen zumeist aus. Bei größeren Wunden setzt zusätzlich ein Gerinnungsprozess, die Schorfbildung, ein.

Wofür braucht man Blutplättchen?

Tritt bei einer Verletzung der Blutgefäße das Blut in das Gewebe aus, ohne dass eine offene Wunde entstanden ist, entsteht ein Bluterguss oder Hämatom.

Was ist ein blauer Fleck?

Die roten Blutkörperchen tragen bestimmte Substanzen auf ihrer Oberfläche, nach denen man sie einteilen kann und die vererbt werden. Es gibt mehrere Einteilungsschemata, das bekannteste sind die vier Gruppen A, B, 0 und AB. Die Blutgruppen sind untereinander unverträglich, bei Vermischung kann das Blut verklumpen.

Was sind Blutgruppen?

Durch das Blutdruckmessen erhält der behandelnde Arzt wichtige Informationen über den Zustand des Patienten.

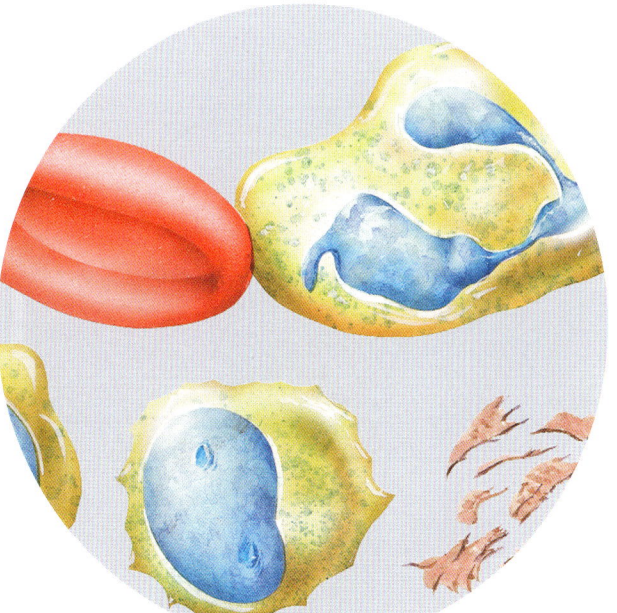

Blutplasma dient zum Transport von roten und weißen Blutkörperchen sowie der Blutplättchen.

Wie sieht die Lunge aus?

Die Lunge besteht aus einem rechten und einem linken Lungenflügel. Der rechte hat drei Lappen, während der linke Flügel nur zwei hat. Somit bleibt dem Herz zwischen ihnen noch ausreichend Platz im Brustraum.

Wie sieht das Atemwegsystem der Lunge aus?

Die Lunge ähnelt einem umgedrehten Baum. Die Luftröhre stellt den Stamm dar. Sie verzweigt sich in einen rechten und linken großen Ast, die Hauptbronchien. Die kleineren Äste wären dann die Bronchien, die Zweige die Bronchiolen und die Alveolen das Laubwerk.

Was ist das Besondere an den Blutgefäßen in der Lunge?

In der Lunge befördern die Arterien sauerstoffarmes Blut und die Venen sauerstoffreiches Blut. Die Verhältnisse sind genau entgegengesetzt zu denen im Körperkreislauf.

Wie groß ist die Lunge?

Äußerlich betrachtet nimmt sie nahezu den gesamten Raum im Brustkorb ein. Die Fläche, die die Lunge eines Erwachsenen zum Gasaustausch bereit hält, ist fast 100 Quadratmeter groß – so groß wie eine äußerst geräumige 3-Zimmerwohnung.

Die Luftröhre und die Lunge. Der linke Lungenflügel hat eine Einbuchtung, um Raum für das Herz zu lassen.

Das Atmungssystem im engeren Sinne besteht aus Nasenhöhle (rot), Rachen (rosa), Luftröhre (blau), den beiden Lungenflügeln (violett) und dem Zwerchfell (rot).

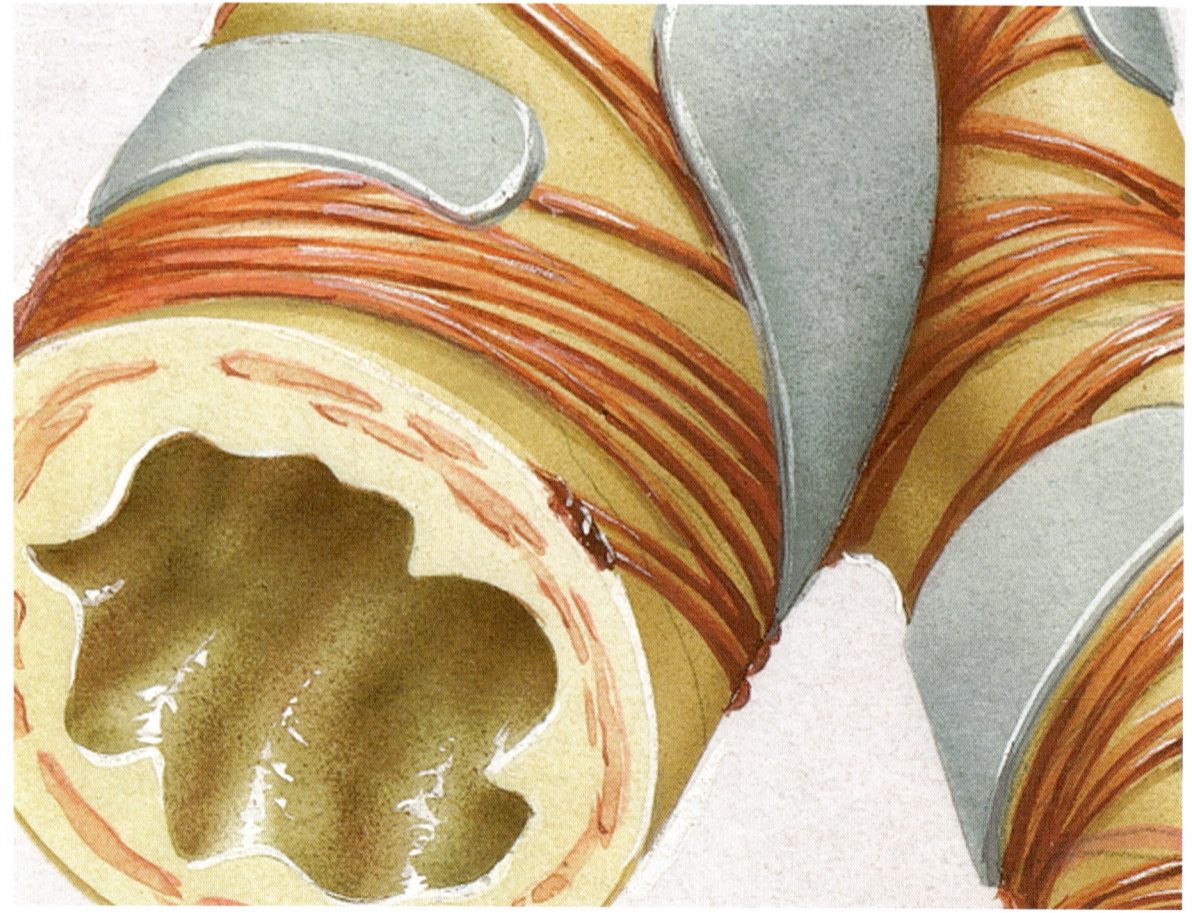

Das Bild zeigt die Gabelung eines Bronchialastes. In den Wänden sind Knorpelringe (blau) eingelagert.

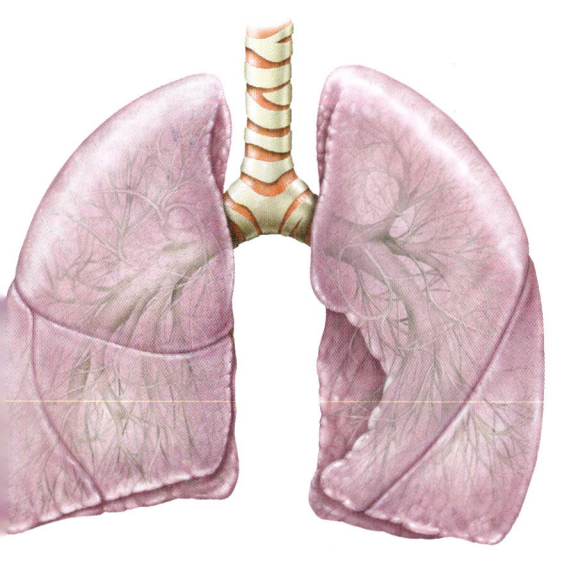

Die Alveolen sind die Lungenbläschen, die die Wandausbuchtungen der Endverzweigungen des Bronchialbaumes darstellen. Hier findet der Gasaustausch statt.

Die Knorpelspangen umschließen die Luftröhre. Sie dienen dazu, dass sie sich immer aufspannt und „luftdurchlässig" ist und nicht durch Druckeinwirkung von außen in sich zusammenfällt. Sie sind nicht vollständig ringförmig geschlossen, sondern hufeisenförmig. Dadurch kann über die glatte Muskulatur die Weite der Luftröhre reguliert werden.

Alle Verzweigungen des Bronchialbaumes bis auf die Bronchiolen besitzen knorpelige Ringe, die in die Röhrenwand eingelagert sind. Sie sorgen ebenfalls wie die Knorpelspangen in der Luftröhre dafür, dass die Atemwege immer offen gehalten bleiben.

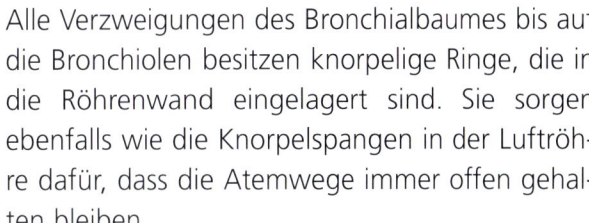

Mit bloßem Auge betrachtet lautete die Antwort „ja". Mit einem Mikroskop erkennt man aber unzählige winzige Flimmerhärchen auf der Schleimhautoberfläche. Sie schlagen in rhythmischer Bewegung hin und her und befördern so mit der Atemluft in die Bronchien geratene Fremdkörper wie Staubpartikel, Pollen und Krankheitserreger wieder nach oben in den Rachenraum. Die Luftröhre hat übrigens auch Flimmerhärchen.

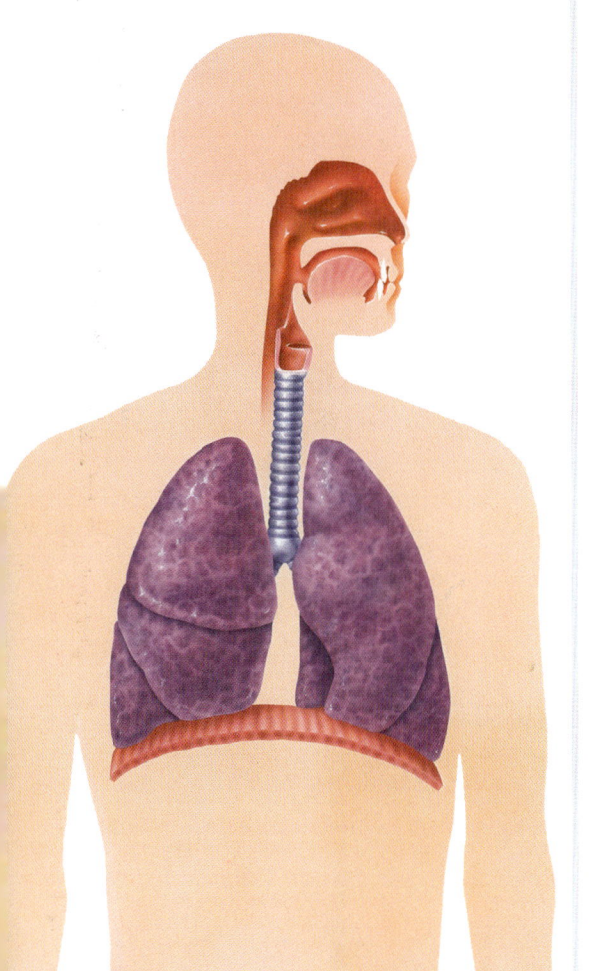

Hier wird der eingeatmete Luftstrom zum Schutz der empfindlichen Lungenbläschen angewärmt, befeuchtet und von Fremdkörpern gereinigt, bevor er in die Luftröhre und anschließend in die Lunge gelangt. Die Nasenschleimhaut ist ebenso wie die tieferen Atemwege mit Flimmerhärchen ausgekleidet.

Welche Atembewegungen macht der Körper?

Beim Einatmen hebt sich der Brustkorb, weil sich die Muskeln zwischen den Rippen zusammenziehen. Gleichzeitig senkt sich das Zwerchfell, eine dünne Muskelplatte, die den Bauchraum vom Brustraum trennt, nach unten ab. Beim Ausatmen entspannen die Muskeln, der Brustkorb senkt sich und das Zwerchfell wölbt sich dabei kuppelförmig nach oben.

Wieso strömt die Luft in die Lunge hinein und wieder heraus?

Luft ist gasförmig. Gase strömen abhängig von Druckunterschieden. Das lässt sich auch leicht beim Wetterbericht in den Nachrichten beobachten: Winde wehen vom Hochdruck- zum Tiefdruckgebiet. So erzeugt auch der menschliche Organismus im Innern des Brustkorbs wechselweise höheren und niedrigeren Luftdruck als in der Umgebung herrscht. Somit kann Luft ein- und ausströmen.

Wie erreicht der Körper unterschiedliche Druckverhältnisse im Brustraum?

Zum Einatmen wird ein Unterdruck benötigt, zum Ausatmen ein Überdruck. Am einfachsten stellt man einen Unterdruck her, indem man den Rauminhalt vermehrt. Wenn man den Rauminhalt verkleinert, erzeugt man Überdruck. Der Brustkorb vergrößert den umschlossenen Rauminhalt beim Einatmen und verkleinert ihn wiederum beim Ausatmen.

Wie oft atmet ein Mensch?

Babys atmen noch recht häufig: Ungefähr 25 Mal in der Minute. Mit zunehmendem Alter verlangsamt sich die Atemfrequenz. Ein Erwachsener atmet im Schnitt 15 Mal in der Minute. Das sind dann rund 22000 Atemzüge am Tag.

Kann man vergessen zu atmen?

Die Natur hat es so eingerichtet, dass man sich nicht bewusst um die Atmung kümmern muss. Die Atmung wird vom Atemzentrum, einem Bereich im Gehirn, autonom gesteuert. Insofern besteht keine Gefahr, es einmal zu vergessen.

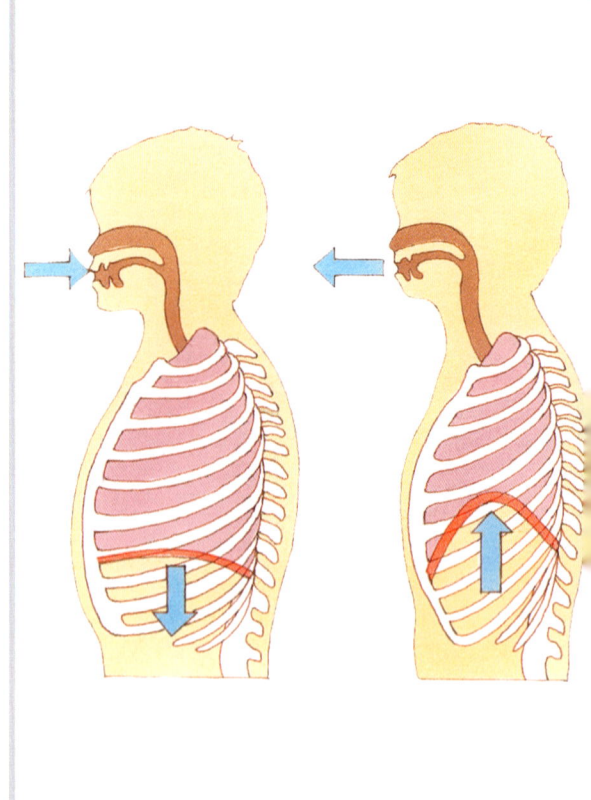

Beim Einatmen hebt sich der Brustkorb, und das Zwerchfell (rote Linie) senkt sich. Beim Ausatmen senkt sich der Brustkorb, und das Zwerchfell entspannt sich und wölbt sich nach oben.

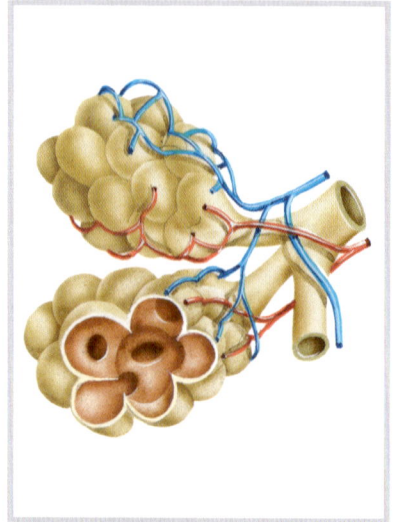

Unzählige Lungenbläschen (Alveolen) sind traubenförmig zusammengefasst und werden von einem dichten Kapillarnetz umsponnen.

Die Billionen Zellen des Körpers verbrauchen rund um die Uhr Sauerstoff, um Energie zu erzeugen. Umgekehrt fallen dabei Abfallstoffe und Kohlendioxid an. Dieser Prozess wird zelluläre oder innere Atmung genannt. Die äußere Atmung über die Lunge sorgt dafür, dass die zelluläre Atmung stattfinden kann. Über die Atemwege gelangt Luft in die Lunge, wo der Sauerstoff ins Blut abgegeben wird. Im Gegenzug nimmt die Luft das Kohlendioxid auf und wird ausgeatmet.

Bei plötzlicher Atemnot, wie sie z. B. bei Asthmaanfällen auftritt, können Inhalationssprays mit medizinischen Wirkstoffen manchmal lebensrettend sein.

Was ist das Atemzugvolumen?

Das ist das Volumen an Luft, das man in Ruhe ein- und wieder ausatmet. Es hängt natürlich auch von der Tiefe der Atemzüge ab. Es beträgt beim Erwachsenen etwa einen halben Liter Luft. Man misst es mit einem Spirometer.

Was ist ein Spirometer?

Das ist ein Gerät, um Werte rund um die Funktionstüchtigkeit der Atmung zu messen. Prinzipiell besteht es aus einem Topf, über den eine Glocke gestülpt ist. Der Gasinhalt des Spirometers wird durch die Glockenstellung angezeigt. Atmet die untersuchte Person aus, gelangt die Luft in das Spirometer, die Glocke hebt sich. Atmet sie wieder ein, senkt sich die Glocke.

Was passiert beim Gasaustausch?

Der Sauerstoff der eingeatmeten Luft gelangt über die Atemwege in die Alveolen der Lungenflügel. Dort wandert er durch eine dünne Membran in die roten Blutkörperchen. Durch die Atmung herrscht in den Alveolen permanent eine hohe Konzentration an Sauerstoff und eine niedrige an Kohlendioxid. Das Blut in den Kapillaren ist dagegen verbraucht: Es hat einen sehr hohen Kohlendioxidspiegel und einen geringen Sauerstoffspiegel. Durch diese Unterschiede in den Konzentrationen wandert Sauerstoff ins Blut und Kohlendioxid in die Lunge.

Wozu ist Husten gut?

Der Luftschwall beim Husten reinigt die Bronchien, die Luftröhre und den Kehlkopf von Schleim und etwaigen Fremdkörpern.

Wie unterscheidet sich die ausgeatmete Luft von der eingeatmeten?

In den Alveolen findet pausenlos der Gasaustausch statt, bei dem der Luft Sauerstoff entzogen und Kohlendioxid hinzugefügt wird. Deshalb ist in der ausgeatmeten Luft weniger Sauerstoff und mehr Kohlendioxid als in der eingeatmeten. Außerdem enthält sie mehr Wasserdampf, weil die Luft in den Atemwegen angefeuchtet wird.

Was reguliert die Atmung ?

Das Gehirn reguliert die Atmung. Das so genannte Atemzentrum befindet sich im Hirnstamm und erhält von verschiedenen Messfühlern Informationen, wie hoch die Konzentration an Sauerstoff und Kohlendioxid im Blut ist.

Wie steuert das Atemzentrum die Atmung?

Es sendet Impulse zum Zwerchfell und der Zwischenrippenmuskulatur und kann damit die Häufigkeit der Atmung (Atemfrequenz) und die Tiefe der Atmung (Atemzugvolumen) ändern.

Warum atmet man schneller, wenn man sich körperlich anstrengt?

Wenn man sich körperlich anstrengt, müssen die Muskeln mehr arbeiten und brauchen mehr Sauerstoff. Den vermehrten Bedarf kann der Körper bereitstellen, indem die Atemfrequenz gesteigert wird. Oftmals atmet man auch tiefer ein, was ebenfalls mehr Sauerstoff liefert.

Wird die ganze Luft in der Lunge verbraucht?

Wenn man sich in Ruhe befindet, werden nur etwa zehn Prozent der Luft in der Lunge tatsächlich ein- und wieder ausgeatmet. Wenn man sich körperlich stark anstrengt, kann dieser Anteil allerdings bis auf 60 Prozent ansteigen. In den Alveolen verbleiben immer mindestens 20 Prozent der Luft in den Lungenbläschen, ansonsten würden sie zusammenfallen.

Tabakrauch schädigt das Lungengewebe.

Tabakrauch enthält viele giftige Substanzen. Eine davon ist Teer. Dieser lagert sich in den Atemwegen und den Alveolen ein. Dieser Giftstoff reizt das Gewebe permanent und steht im Verdacht, Krebs zu verursachen.

Warum ist Rauchen für die Lunge schädlich?

Die Flimmerhärchen der Atemwege werden durch den giftigen Tabakrauch geschädigt und später völlig zerstört. Schleim oder Fremdkörper können nicht mehr durch sie hinausbefördert werden, sondern geraten in die Lunge und müssen von dort ausgehustet werden.

Was ist Raucherhusten?

Tabakrauch schädigt den menschlichen Organismus in vielerlei Hinsicht. In der Lunge kommt es zu Raucherhusten. Die intakte Gasaustauschfläche nimmt ab. Durch das Kohlenmonoxid im Rauch wird weniger Sauerstoff im Blut aufgenommen. Es kommt zu einer schlechteren Sauerstoffversorgung, was die Leistungsfähigkeit herabsetzt.

Welche Folgen kann Rauchen haben?

Rauchen bedingt Gefäßerkrankungen, Erkrankungen des Atmungssystems und des Herzens sowie Krebserkrankungen von Lunge, Kehlkopf, Zunge und Blase.

Was sind typische Raucherkrankheiten?

Bei sportlichen Aktivitäten steigt die Frequenz und die Tiefe der Atemzüge, damit die Muskeln mit genügend Sauerstoff versorgt werden können.

Im Gegensatz zu einer gesunden Lunge, die rosa gefärbt aussieht, ist eine Raucherlunge durch zahlreiche Teer- und Rußablagerungen dunkel gefärbt. Diese Ablagerungen kann man auch im Röntgenbild erkennen.

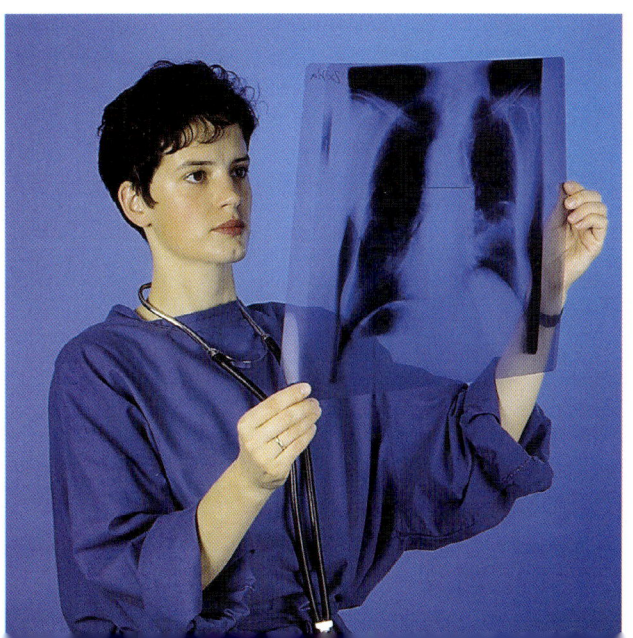

Wie verändert sich die Luft in großer Höhe?

Der Luftdruck ist in großer Höhe geringer als in Meereshöhe. Je höher man kommt, desto dünner wird die Luft. Sie enthält dann nicht mehr so viel Sauerstoff.

Wie wirkt sich Höhenluft auf die Atmung aus?

Beim Atmen gelangt pro Atemzug weniger Sauerstoff in die Lunge und damit auch in den Körper. Das Atmen ist zudem anstrengender. Insbesondere bei Anstrengungen muss man viel stärker atmen, um den Körper ausreichend mit Sauerstoff zu versorgen.

Geht es jedem gleich in den Bergen?

Die Menschen, die in den Bergen leben, haben sich angepasst. Ihr Körper kann ohne Probleme ausreichend Sauerstoff zur Verfügung stellen. Sie haben mehr rote Blutkörperchen als ein normaler Erwachsener. Dadurch kann ihr Körper mehr Sauerstoff aufnehmen.

Warum gehen Sportler zum Trainieren in große Höhen?

In den Bergen passt sich der Körper den Gegebenheiten allmählich an. Er produziert dann mehr rote Blutkörperchen. Zurück in normaler Höhe, können sie aufgrund der besseren Sauerstoffversorgung eine bessere Leistung erzielen als ohne Höhentraining. Dies wird besonders zur Wettkampfvorbereitung genutzt.

Ein so faszinierender Sport wie das Tauchen birgt leider auch ein großes Risiko, ernsthafte Schädigungen bis hin zum Tod davonzutragen. Eine gute Vorbereitung, umfangreiche Kenntnisse und gewissenhaftes Verhalten kann solchen schlimmen Ereignissen vorbeugen.

An der See herrscht ein Klima, das sich auf einige Krankheiten positiv auswirkt, wozu auch Asthma zählt. Die Atembeschwerden klingen hier sichtlich ab.

In großen Höhen passt sich der Körper den veränderten äußeren Bedingungen an, um den Körper mit ausreichend Sauerstoff zu versorgen.

Kann man unter Wasser atmen?

Unter Wasser kann man knapp unter der Wasseroberfläche nur mit einem Schnorchel und tiefer nur noch mit einer Taucherausrüstung atmen. Die Taucher tragen Flaschen mit Pressluft auf dem Rücken und atmen im Wasser durch ein Atemgerät.

Ist in den Pressluftflaschen reiner Sauerstoff?

Nein. Wenn der Sauerstoffgehalt der eingeatmeten Luft einen bestimmten Wert überschreitet, kommt es zu Vergiftungserscheinungen. Sie äußern sich erst durch Husten, dann durch Schmerzen beim Atmen und können sogar tödlich verlaufen.

In großer Tiefe herrscht ein größerer Druck als in Meereshöhe. Deshalb werden die einzelnen Gase besser im Blut gelöst. Wenn man dann schnell nach oben auftaucht, bilden sich Gasblasen im Gewebe und im Blut. Das ist die Taucherkrankheit, die schwere körperliche Schäden bewirken und unter bestimmten Umständen sogar zum Tod führen kann.

Nicht wenige Menschen leiden an Asthma. Bei dieser Erkrankung ist das Lungengewebe sehr sensibel. Es reagiert sehr stark und sehr schnell auf äußere und innere Einflüsse. Die Luftwege sind angeschwollen und somit verengt. Sie produzieren außerdem vermehrt Schleim. Das Atmen fällt sehr schwer. Abhilfe schaffen Medikamente oder der Aufenthalt in einer Umgebung, die durch ihr Klima einen günstigen Einfluss auf den Krankheitsverlauf hat. Das ist in den Bergen und am Meer der Fall.

Wieso ist es wichtig, aus großer Tiefe langsam wieder aufzutauchen?

Wann kann man im Alltag Atemnot verspüren?

VERDAUUNG

Der Mensch nimmt regelmäßig Nahrung zu sich – in der Regel jeden Tag bei mehreren Mahlzeiten. Das Verdauungssystem wandelt die Nahrung in Substanzen um, die der Körper benötigt. Er nutzt sie zur Energiegewinnung, für das Wachstum und für Reparaturen. Das Verdauungssystem zerlegt die komplexe Nahrung in ihre einzelnen Bestandteile, die so klein und einfach beschaffen sind, dass sie vom Organismus verwertet werden können. Die Hauptnährstoffe für unseren Körper sind Kohlenhydrate, Eiweiße und Fette. Wichtig sind auch Vitamine, Minaralstoffe und Spurenelemente. Der Körper nimmt alle Nährstoffe auf, der Rest wird ausgeschieden.

Wie ist das Verdauungssystem aufgebaut?

Der Verdauungstrakt beginnt beim Mund und hört mit dem After auf. Dazwischen liegen einzelne Stationen wie die Speiseröhre, der Magen, Dünn- und Dickdarm. Außerdem reihen sich noch Organe an, die den Verdauungsprozess unterstützen. Das sind Zähne, Zunge, Speicheldrüse, Leber, Gallenblase und Bauchspeicheldrüse.

Wo beginnt die Verdauung?

In der Mundhöhle startet der Verdauungsvorgang. Bis zum Ausscheiden von der Nahrung vergehen 22 bis 44 Stunden. So lange wird die Nahrung im Körper verarbeitet.

Was passiert im Mund mit der Nahrung?

Im Mund wird das Essen in kleinere Stücke zerkaut. Außerdem wird die Nahrung eingespeichelt, was zwei Zwecken dient: Zum einen wird aus den Nahrungsstückchen ein geschmeidiger Brei, der gut durch den Verdauungstrakt gleiten kann. Zum anderen wird damit begonnen, die Kohlenhydrate in der Nahrung zu verdauen.

Wozu braucht man Zähne?

Die Zähne zerkleinern die Nahrung. Einen Apfel zerlegen sie erst in kleine Bissen, die dann zu immer kleineren Stückchen zerkaut werden, bis sie musig sind. Ohne Zähne könnte man keine feste Nahrung zu sich nehmen, die zerkleinert werden muss.

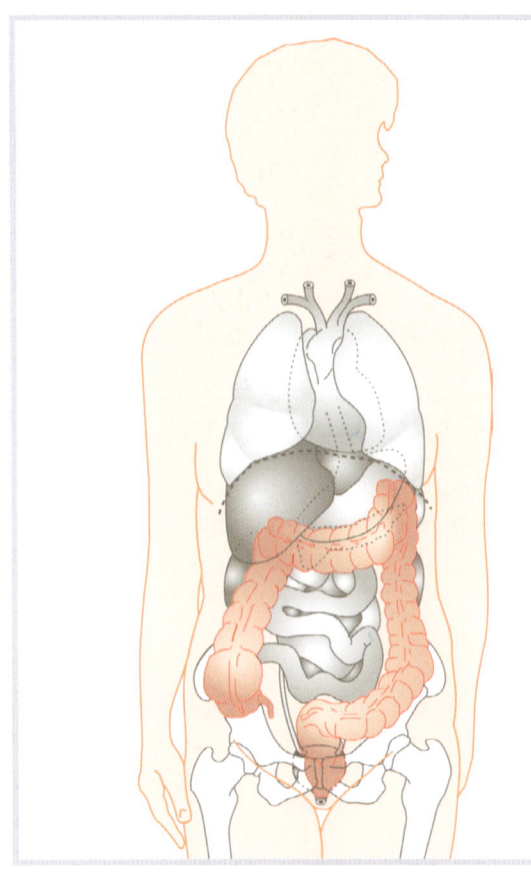

Der Dünndarm geht in den Dickdarm über. Der Dickdarm (rot) besteht aus einem aufsteigenden, querenden (von rechts nach links) und einem absteigenden Teil. Beim Dickdarm hängt am Anfang ein blind endendes Stück an: der Blinddarm. Von ihm geht der Wurmfortsatz ab, der oftmals entzündet sein kann.

Viele komplizierte Vorgänge laufen in unserem Körper ab, bevor so eine Portion Spaghetti mit Tomatensauce als Nahrungsbrei in unserem Magen gelandet ist.

Ganz vorne im Mund sind die Schneidezähne. Sie haben die Form eines Meißels. Mit ihnen beißt man Stücke aus der Nahrung. Die Eckzähne kommen gleich nach den Schneidezähnen. Sie sind spitz und eignen sich zum Zerreißen der Nahrung. Die breiten und flachen Backenzähne kauen und zermahlen das Essen.

Welche Zahnformen gibt es und warum?

Zunächst drückt die Zunge gegen den Gaumen und schiebt dabei die Nahrung nach oben und hinten. Gleichzeitig bewegt sich der weiche Teil des Gaumens nach oben und verschließt somit den Weg in die Nase. Anschließend klappt der Kehldeckel nach unten und schiebt sich nach vorne und oben. Dadurch schließt sich die Luftröhre, die Speiseröhre öffnet sich, und Nahrung und Getränke gelangen durch den Rachen und die Speiseröhre in den Magen. Bei hastigem Essen kann man sich verschlucken.

Was passiert beim Schlucken?

Bei einem Erwachsenen ist sie etwa 25 Zentimeter lang. Man kann das messen, wenn man eine Magensonde einführt.

Wie lang ist die Speiseröhre?

Muskelkontraktionen in der Speiseröhre, im Magen und im Darm laufen wellenförmig ab. Erweiterungen der „Röhre" wechseln jeweils mit Verengungen ab. Auf diese Weise wird der Nahrungsbrei weiterbefördert.

Wie wird die Nahrung weiterbefördert?

Das funktioniert durch den zweilagigen Aufbau der Muskelschicht. Eine innere Ringmuskelschicht ist von einer äußeren Längsmuskelschicht umgeben. Sie kontrahieren sich abwechselnd. Wenn sich die Ringschicht zusammenzieht, wird die Röhre enger und länger. Zieht sich die Längsmuskelschicht zusammen, wird sie dagegen breiter und kürzer. Diese wellenförmige Kontraktion nennt man Peristaltik.

Wie können sich die Muskeln wellenförmig zusammenziehen?

Kann man auch kopfüber essen?

Dank der Peristaltik gelangt der Nahrungsbrei in jeder Körperlage in die vorgesehene Richtung – nämlich vom Kopf zum Rumpfende.

Wie ist der Magen beschaffen?

Der Magen liegt im linken Oberbauch, wo er größtenteils von den unteren Rippen verdeckt ist. Der Magen sieht von außen wie eine gebogene Tasche aus. Der Mageninhalt kann bis zu einein- halb Liter betragen. Die Wände sind aus glatter Muskulatur, die innen mit Schleimhaut ausgeklei- det ist. Diese Schleimhaut schützt den Magen vor dem ätzenden Magensaft. Anfang und Ende des Magens sind verschließbar.

Was passiert im Magen?

Der Nahrungsbrei wird im Magen durchgemischt und mit Magensaft versetzt, der die Nahrung chemisch abbaut. Über den Pförtner gelangt der Nahrungsbrei in kleinen Portionen in den Zwölf- fingerdarm.

Wie kommt der Zwölffingerdarm zu seinem Namen?

Der Zwölffingerdarm ist der erste Teil des Dünn- darms. Er ist so lang wie zwölf aneinandergeleg- te Finger eines erwachsenen Mannes breit sind, also etwa „zwölf Fingerbreiten".

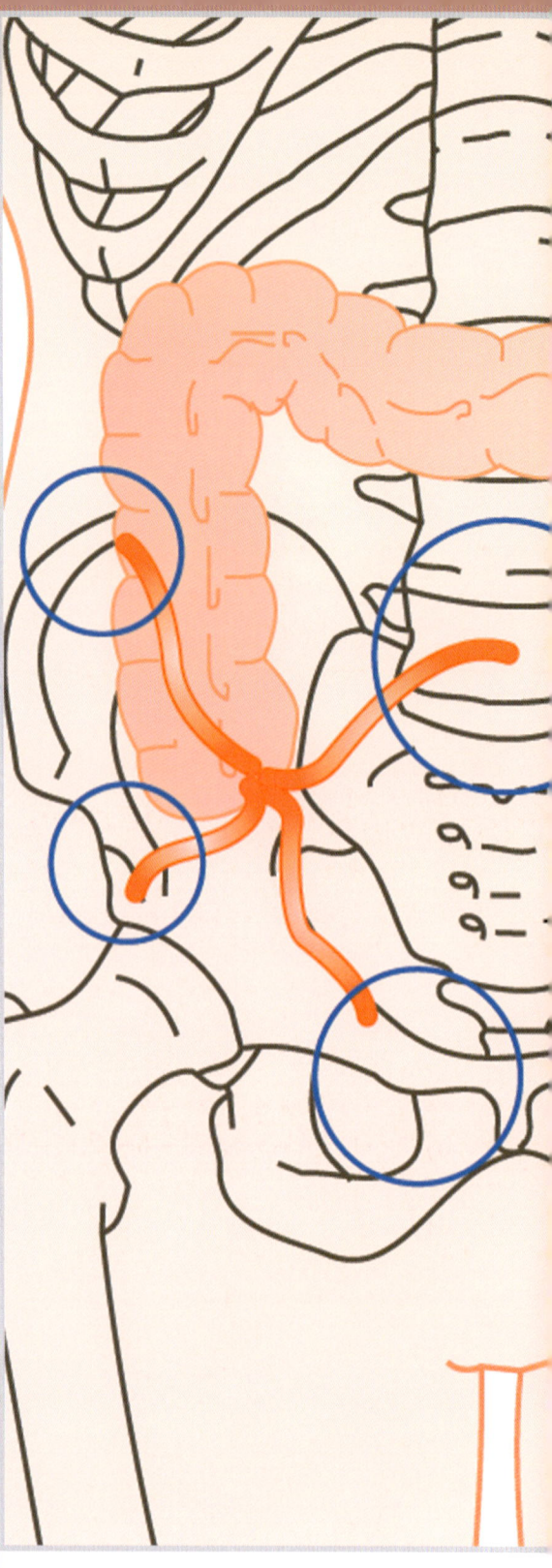

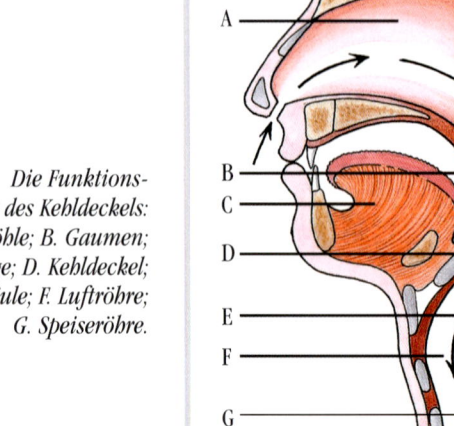

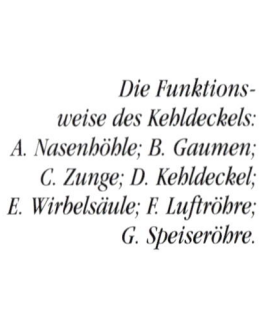

Die Funktions- weise des Kehldeckels: A. Nasenhöhle; B. Gaumen; C. Zunge; D. Kehldeckel; E. Wirbelsäule; F. Luftröhre; G. Speiseröhre.

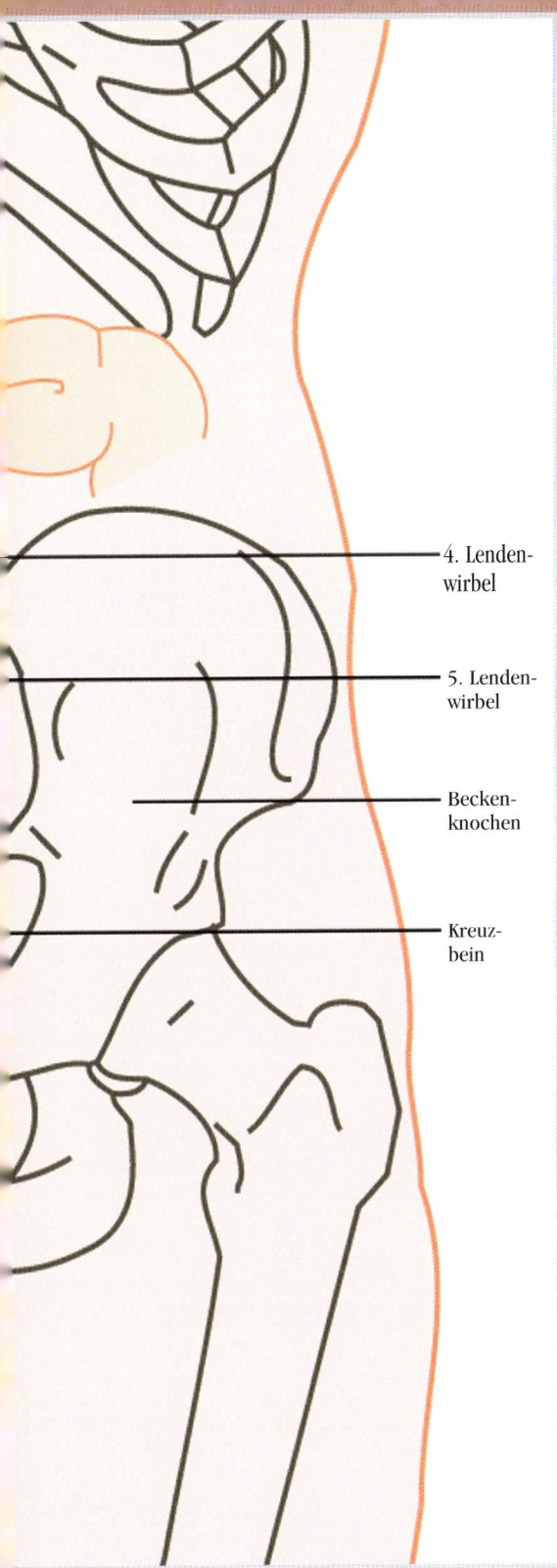

4. Lenden-
wirbel

5. Lenden-
wirbel

Becken-
knochen

Kreuz-
bein

Nach dem Tod ist der Dünndarm etwa fünf Meter lang. Zu Lebzeiten ist er nur halb so lang. Das liegt daran, dass in der lebenden Darmwand die Muskeln angespannt sind und den Darm zusammenziehen. Der Dickdarm ist nur etwa einen Meter lang.

Wie lang sind der Dünndarm und der Dickdarm?

Im Dünndarm findet der größte Teil der Verdauung statt. Hier werden die Nahrungsbestandteile in kleinste Bausteine zerlegt, in ihre Moleküle. Außerdem gehen hier die meisten Nährstoffe über die Darmwand in das Blut über.

Welche Aufgaben hat der Dünndarm?

Die unverdaulichen Nahrungsbestandteile werden hier mit Hilfe von Darmbakterien gespalten und mit dem Stuhl ausgeschieden. Über die Darmwand wird der Wassergehalt der festen Überreste so reguliert, dass der Stuhl gut aus dem After gleiten kann.

Was passiert im Dickdarm?

Der Dickdarm hat am Anfang ein blind endendes Stück – den Blinddarm. Vom Blinddarm geht der enge Wurmfortsatz ab, der sich manchmal entzündet. Man spricht dann fälschlicherweise von einer Blinddarmentzündung.

Was ist eine Blinddarmentzündung?

Bei einer Blinddarmentzündung kann sich der Wurmfortsatz (rot) an verschiedenen Stellen befinden. Von seiner Lage hängt ab, wo man den Schmerz am deutlichsten spürt (blau).

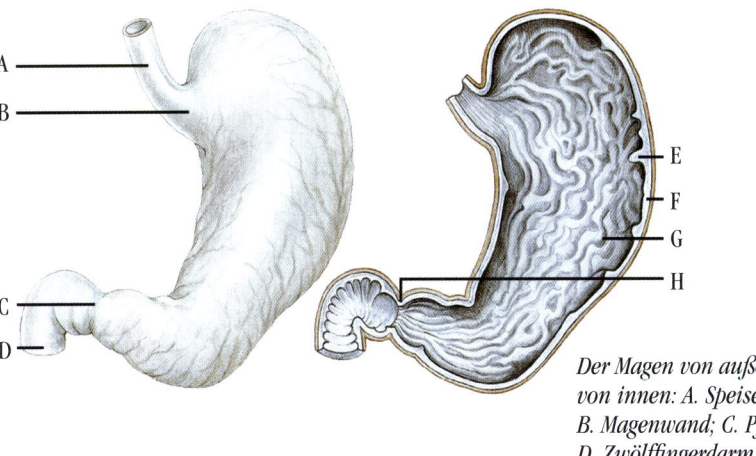

Der Magen von außen und von innen: A. Speiseröhre; B. Magenwand; C. Pförtner; D. Zwölffingerdarm; E. Magenwand; F. Schleimhaut; G. Falte; H. Pförtner

Welche Aufgaben hat die Bauchspeicheldrüse?

Die Bauchspeicheldrüse besteht aus zwei recht verschiedenen Teilen. Der größte Teil bildet täglich ein bis zwei Liter Bauchspeichel, die in den absteigenden Teil des Zwölffingerdarms geleitet werden. Im Verdauungsdrüsenteil sind kleine Inseln von hormonbildendem Gewebe eingesprengt. Diese Langerhans-Inseln produzieren Insulin. Insulin spielt eine unersetzliche Rolle bei der Verwertung des Blutzuckers in den Geweben.

Wie sieht die Leber aus?

Die Leber hat eine rotbraune Farbe und erinnert von der Form an eine Halbkugel. Sie ist das größte innere Organ des Menschen und wiegt etwa eineinhalb Kilogramm. Sie ist in zwei Lappen aufgeteilt, die wiederum in insgesamt acht Segmente gegliedert sind. Die Leber verfügt über eine große Kraft zur Neubildung und kann sich nach Verletzungen rasch wieder erholen.

Kann man ohne Bauchspeicheldrüse leben?

Ja, man leidet aber unter deutlichen Einschränkungen. Erstens ist man dann zuckerkrank (Diabetes mellitus) und muss täglich Insulin spritzen. Zweitens kann man die aufgenommene Nahrung nicht mehr vollständig verdauen. Man bleibt mager, obwohl man reichlich isst.

Die Bauchspeicheldrüse: A. Darm; B. Bauchspeichelgang; C. Schwanz der Bauchspeicheldrüse; D. Kopf der Bauchspeicheldrüse; E. Darm; F. Hauptgallengang; G. Bauchspeichelnebengang; H. Zwölffingerdarm; I, J. Zwölffingerdarmpapillen

Die Lebergalle ist von goldgelber Farbe, die sich als Blasengalle grünlich umfärbt.

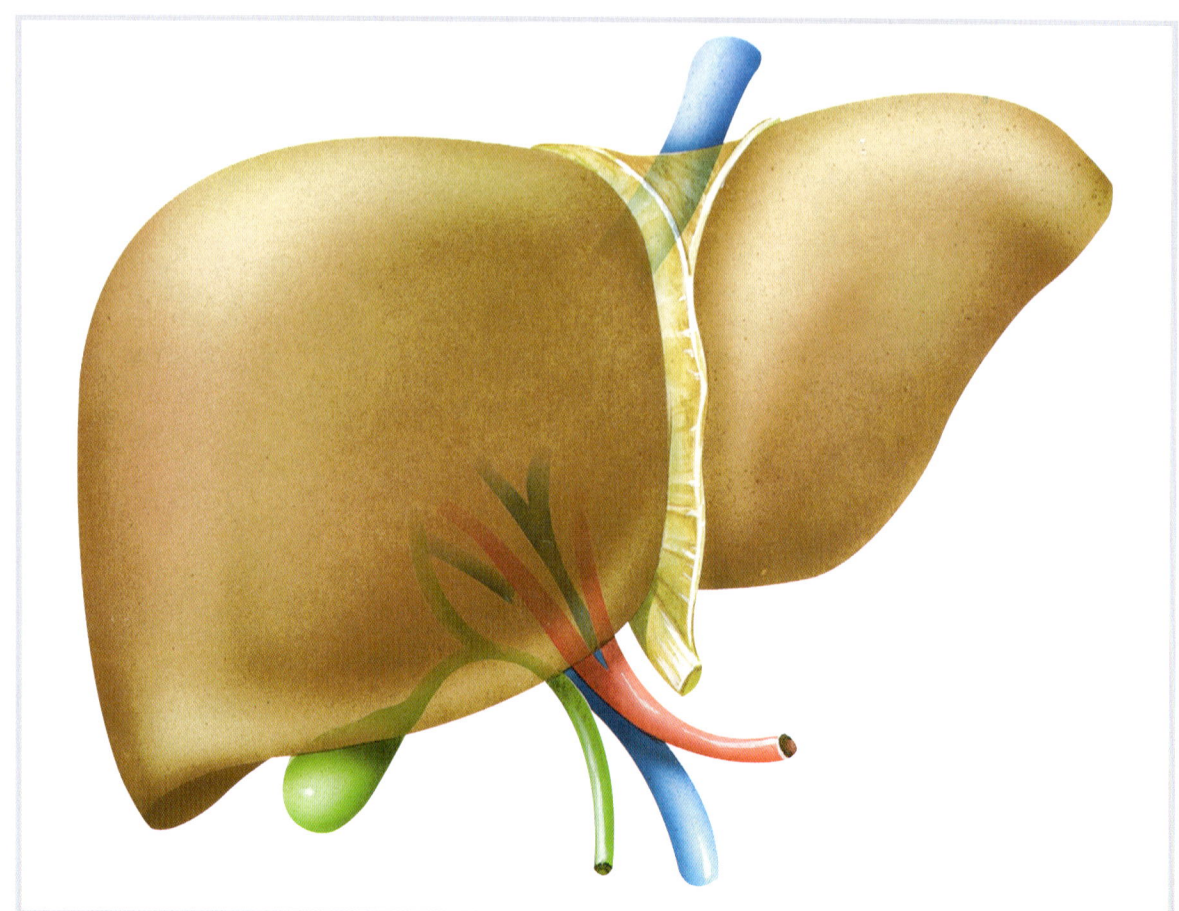

Die Leber von vorne. Die Gallenblase mit Gallengang (grün) liegt unterhalb des rechten Leberlappens. Die Pfortader (rot) kommt vom Dickdarm, und das blau dargestellte Gefäß ist die untere Hohlvene.

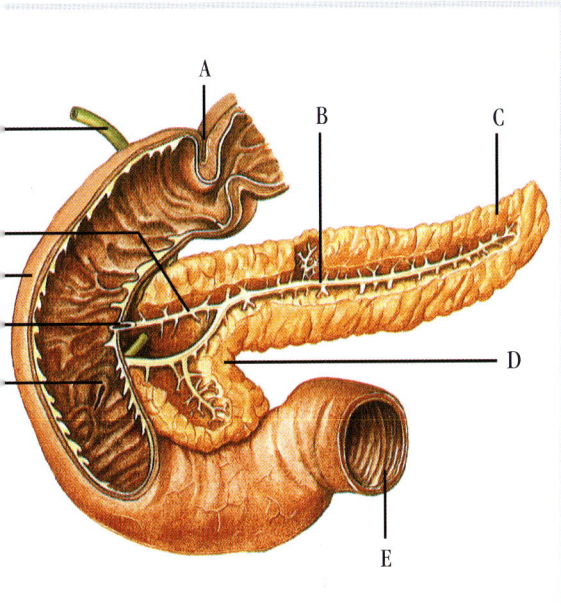

Die Leber ist das wichtigste Stoffwechselorgan des Körpers. Man kann sie als Zentrallabor des Körpers bezeichnen. Sie verarbeitet die resorbierten Nährstoffe, die vom Darm über die Pfortader zu ihr gelangen, in der Art und Weise, wie der körperliche Bedarf es gerade erfordert.

Wieso nennt man die Leber das „Labor" des Körpers?

Sie speichert überschüssigen Zucker als Glykogen und baut ihn, wenn der Blutzuckerspiegel sinkt, wieder zu Zucker um. Die Leber stellt Bluteiweiße her und baut Fett ab. Außerdem entgiftet sie den Körper, indem sie Schadstoffe unwirksam macht und beseitigt. Im Rahmen der Verdauung ist sie wichtig, weil sie Galle herstellt. Über den Gallengang gelangt die Galle zum Zwölffingerdarm.

Welche Aufgaben hat die Leber?

Die Leber stellt goldgelbe, flüssige Lebergalle her. Diese wird anschließend in die Gallenblase transportiert, wo sie eingedickt wird. Dadurch benötigt die Galle weniger Platz beim Speichern. Als Blasengalle ist sie jetzt allerdings eher von grünlicher als gelber Farbe.

Wie sieht Galle aus?

Die Gallenblase speichert die Galle. Die Leber produziert laufend diese Flüssigkeit. Täglich werden von ihr etwa ein Liter Galle hergestellt. Die Gallenblase hat aber höchstens ein Zehntel davon als Fassungsvermögen. Deshalb wird die Galle eingedickt, indem ihr ein Großteil des Wassers entzogen wird.

Welche Aufgabe hat die Gallenblase?

Während des Eindickens der Galle in der Gallenblase können sich bei ungünstiger Zusammensetzung der Galle Stoffe aus der Lösung zusammenballen und Gallensteine bilden. Der Körper versucht, sie auf natürlichem Wege auszuscheiden. Auf dem Weg im engen Gallenblasengang bleiben sie allerdings oft stecken. Es kommt dann zu äußerst schmerzhaften Gallenkoliken.

Was sind Gallensteine?

Warum kaut man die Nahrung?

Durch das Kauen der Nahrung wird sie zunächst mechanisch zerkleinert. Dadurch lässt sie sich zum einen besser schlucken, zum anderen ist die Oberfläche vergrößert und damit die „Angriffsfläche" für die Enzyme aus den verschiedenen Verdauungssäften. Erst durch chemische Reaktionen liegen die Nahrungsbestandteile in ihrer kleinsten Form vor und können vom Körper im Stoffwechsel eingesetzt werden. Damit können die drei Hauptnährstoffe Eiweiß, Kohlenhydrate und Fett aufgeschlossen werden.

Worin sind Kohlenhydrate enthalten?

Kohlenhydrate kommen in der Nahrung als Zucker, Stärke und Zellulose vor. So genannte Einfachzucker bilden die Bausteine der Kohlenhydrate. Langkettige Kohlenhydrate kommen in Brot, Kartoffeln, Reis und Teigwaren vor. Sie besitzen einen hohen Sättigungswert, da sie nach und nach in kleinen Mengen ins Blut gelangen. Dagegen geht der Traubenzucker schnell ins Blut über, hält aber nicht lange vor.

Worin ist Eiweiß enthalten?

Eiweiß ist nicht nur der weiße Anteil vom gekochten Hühnerei. Auch Protein wird Eiweiß genannt. Proteine sind komplexe große Gebilde und bestehen aus Aminosäuren. Einige davon kann der Körper nicht herstellen, sie müssen mit der Nahrung aufgenommen werden. Sie nennt man essenzielle Aminosäuren. Eiweiße kommen in Fleisch, Fisch, Eiern und Nüssen vor.

Worin ist besonders viel Fett enthalten?

Fette und Öle enthalten essenzielle Lipide, von denen nur geringe Mengen benötigt werden. Das lässt sich leicht bei Butter und Pflanzenölen überschauen. Schwieriger wird es bei den so genannten versteckten Fetten. Das ist Fett, das man nicht auf Anhieb erkennt und deshalb in der Fettbilanz leicht übersieht. Das ist bei Lebensmitteln wie Leberwurst, Bratwurst, Käse, Nussnougatcreme und Pommes frites der Fall.

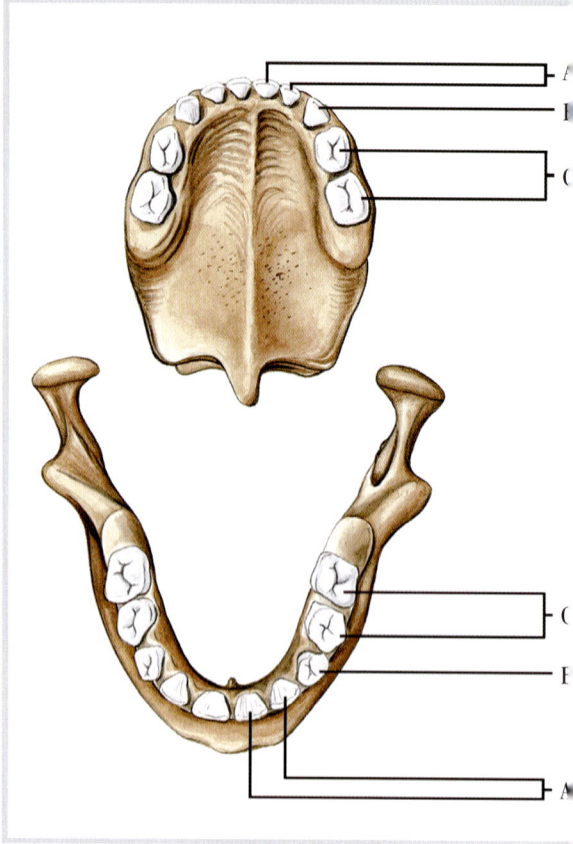

Das Milchgebiss hat 20 Zähne und bildet sich bis zum 32. Lebensmonat aus. Ab 6 Jahren entwickelt sich das Dauergebiss: A. Schneidezähne; B. Eckzahn; C. Mahlzähne.

Eine gesunde Kost besteht aus viel Getreideprodukten, Obst und Gemüse, etwas an tierischen Produkten und möglichst wenig Fett und Öl.

Bei der Verdauung werden die komplexen Kohlenhydrate, Fette und Eiweiße in der Nahrung zu Glukose, Fettsäuren und Glycerin bzw. zu Aminosäuren abgebaut, den Rohstoffen des Stoffwechsels. Der Körper braucht die Rohstoffe, um Energie zu erzeugen. Diese Energie benötigt er, um aus einfachen Stoffen komplexe Substanzen aufzubauen. Diese Vorgänge des Stoffwechsels sind miteinander verknüpft und heißen auch Baustoff- und Betriebsstoffwechsel.

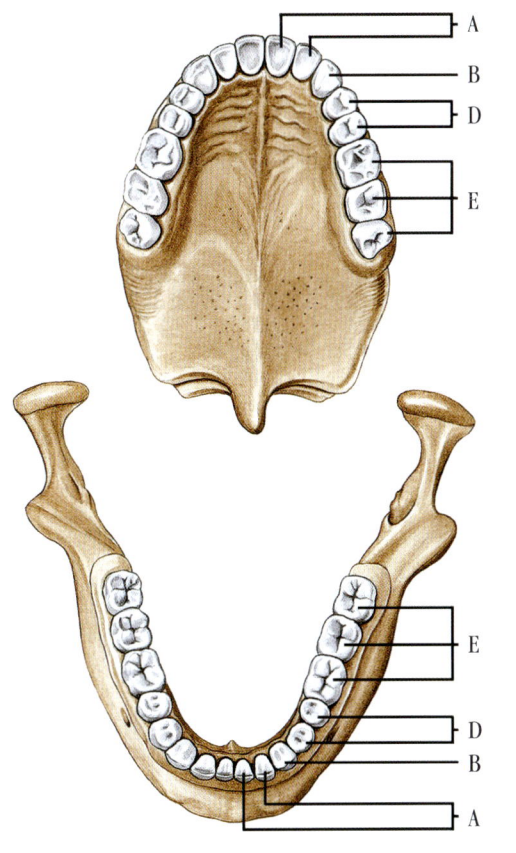

Das Dauergebiss besteht meist aus 32 Zähnen: A. Schneidezähne; B. Eckzahn; D. Backenzähne; E. Mahlzähne.

Was sind Ballaststoffe?

Ballaststoffe gehören zu den langkettigen Kohlenhydraten. Im Gegensatz zur Stärke können sie allerdings aufgrund ihrer Struktur nicht vom Körper aufgespalten werden. Zellulose zählt zu den Ballaststoffen. Ballaststoffe sind sehr nützlich, weil sie der Erschließung der Nahrung dienen und für eine geregelte Verdauung sorgen.

Wofür braucht man Vitamine?

Vitamine sind für zahlreiche Prozesse im Körper wichtig. Da der Körper Vitamine überhaupt nicht oder nur in unzureichenden Mengen produziert, müssen sie mit der Nahrung von außen zugeführt werden. Es gibt fettlösliche und wasserlösliche Vitamine. Zu den wichtigsten fettlöslichen Vitaminen gehören A, D, E und K. Leicht zu merken über den Begriff „EDEKA". Vitamine aus der B-Gruppe und C sind wasserlöslich.

Was passiert, wenn über längere Zeit kein Vitamin C zur Verfügung steht?

Vitamin C fördert das Wachstum von Zähnen und Knochen und stärkt die Immunabwehr. Fehlt es, kommt es zu schlechtem Knochenwachstum, und Wunden heilen schlechter. Fehlt das Vitamin C über Monate, kann es zu Skorbut kommen. Bei dieser Erkrankung leidet man an Zahnfleischbluten, Blutarmut, Gewichtsverlust bis hin zu inneren Blutungen. Viele Seefahrer litten im 18. Jahrhundert an dieser Mangelkrankheit.

Wie viel Energie benötigt der Körper?

Der Körper benötigt dauerhaft eine Temperatur von 37 Grad Celsius. Die Energiemenge, die nötig ist, diese Temperatur bei Zimmertemperatur zu halten ohne jegliche körperliche Bewegung, wird Grundumsatz genannt. Generell kann man sagen, dass jüngere Menschen, die sich noch in der Wachstumsphase befinden, einen höheren Grundumsatz haben. Dazu kommt dann noch der Arbeitsumsatz, der sich aus den jeweiligen körperlichen Verrichtungen ergibt. Der Energiebedarf eines 11-jährigen Kindes beträgt durchschnittlich 2029 kcal am Tag.

Was sind Enzyme?

Enzyme sind Eiweiße, die eine spezielle Funktion haben. Sie beschleunigen chemische Reaktionen im Körper und lassen diese auch bei niedrigen Temperaturen (wozu die Körpertemperatur zählt) stattfinden. Dabei werden sie nicht verbraucht, sondern können immer wieder in Folge dieselbe Reaktion durchführen.

Was macht der Speichel?

Die Speicheldrüsen in der Mundhöhle produzieren täglich etwa eineinhalb Liter Speichel. In ihm ist das Enzym Speichelamylase enthalten. Damit werden die langkettigen Kohlenhydrate (Mehrfachzucker) in Zweifachzucker aufgespalten.

Wozu ist die Magensäure gut?

Der Magensaft wird freigesetzt, sobald sich der Magen füllt. Die Salzsäure säuert dabei den Mageninhalt so weit an, dass optimale Bedingungen für die Eiweißverdauung herrschen. Auch werden durch die Säure viele Keime abgetötet.

Was bewirkt das Enzym Pepsin?

Im Magensaft ist neben der Salzsäure ein Enzym, das Pepsin, vorhanden. Es spaltet die komplexen Eiweißmoleküle in kleinere Einheiten, die so genannten Peptide.

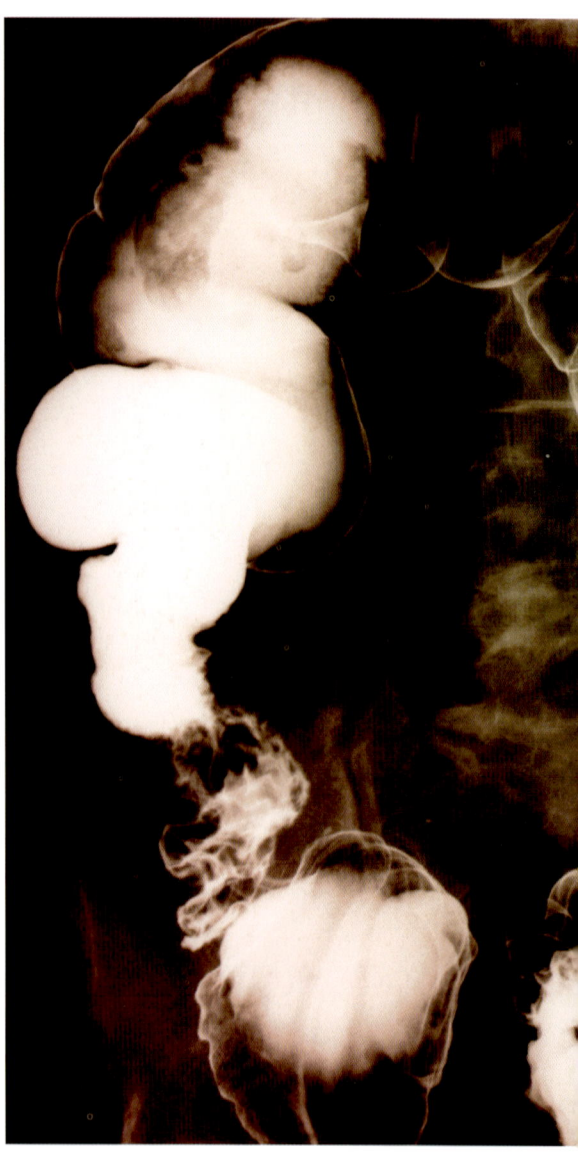

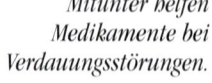

Mitunter helfen Medikamente bei Verdauungsstörungen.

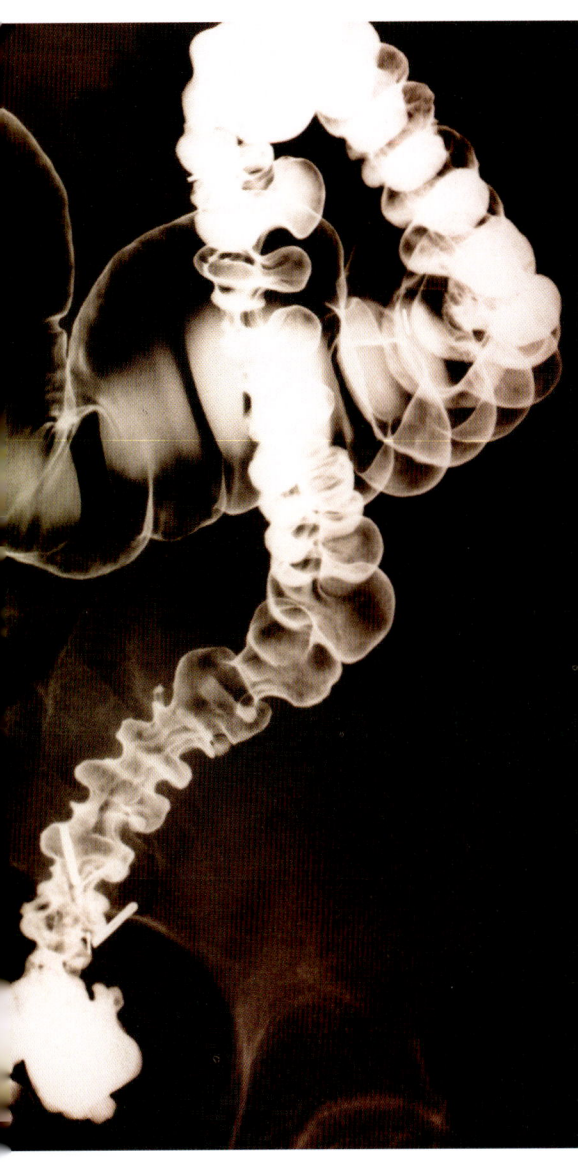

Dieser Verdauungssaft enthält ein ganzes Gemisch an eiweiß-, fett- und kohlenhydratspaltenden Enzymen. Damit die Enzyme arbeiten können, enthält der Bauchspeichel (Pankreassaft) eine Base, die den sauren Nahrungsbrei neutralisiert, sobald er aus dem Magen kommt.

Was ist im Bauchspeichel enthalten?

Sie wandelt Fett in kleine Tröpfchen um, die einfacher zu verdauen sind und die das Enzym Lipase aus dem Bauchspeichel besser angreifen kann.

Was bewirkt die Galle?

Der Dünndarm hat seine Oberfläche durch fingerartige Ausstülpungen, Einstülpungen und einen so genannten Bürstensaum extrem vergrößert. An dem Bürstensaum sitzen zahlreiche Enzyme. Das Enzym Peptidase zerkleinert die Peptide in Aminosäuren. Maltase wandelt Zweifachzucker in den Einfachzucker Glucose um.

Kommen Verdauungsenzyme nur in den Verdauungssäften vor?

Mit die häufigste Ursache sind Mangelzustände der Verdauungsenzyme, die bei Stoffwechselkrankheiten auftreten können. Die Patienten erhalten die fehlenden Enzyme in Form von Medikamenten, die zu schlucken sind.

Wann kommt es zu einer Verdauungsstörung?

Wie in einem Großlabor werden in den Schlingen und Ausstülpungen unserer Därme zahlreiche Stoffe aus der Nahrung gefiltert, für den Körper verwertbar gemacht und weitergeleitet. Unverwertbares wird wieder abgeführt.

Wer aufgrund einer Stoffwechselstörung selbst zu wenig Insulin produziert, muss dem Körper mit der Spritze künstlich Insulin zuführen.

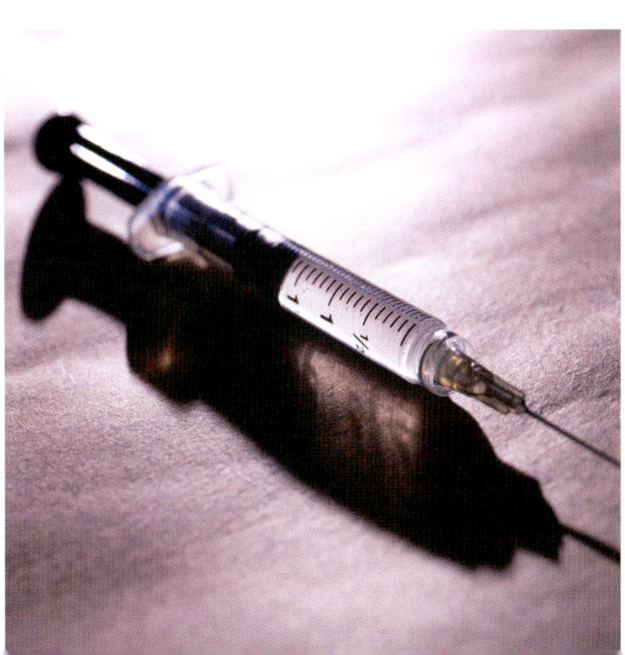

Wie sieht eine Niere aus?

Eine Niere sieht wie eine große dunkelbraune Bohne aus. Sie ist faustgroß und wiegt 120 bis 200 Gramm. Sie wird von der dünnen Nierenkapsel umschlossen, was ihrem Schutz dient.

Was leisten die Nieren?

Das gesamte Blut, das durch den Körper fließt, wird ungefähr 300mal am Tag in den beiden Nieren gefiltert. Das entspricht einem Volumen von 1500 Litern.

Wie ist die Niere aufgebaut?

Im Querschnitt sieht man drei Bereiche: Rinde, Mark und Becken. In der äußeren Rinde befinden sich die Nierenkörperchen, in denen das Blut filtriert wird. Im Mark verlaufen die Nierenkanälchen. Dort werden Stoffe, die der Körper noch braucht, wieder ins Blut aufgenommen. Der verbleibende Harn wird über die Sammelrohre in das Nierenbecken geleitet.

Welche Aufgaben haben die Nieren?

Die Nieren regeln den Wasser- und den Salzhaushalt. Sie halten das Volumen und die Zusammensetzung des Blutes konstant und bewahren das Flüssigkeitsgleichgewicht. Außerdem scheiden sie Abfallprodukte aus dem Stoffwechsel aus.

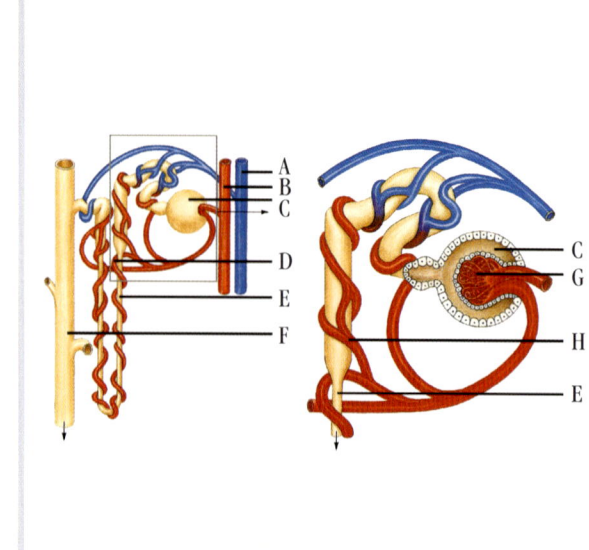

Aufbau eines Nierenkörperchens (links) und vergrößertes Detail (rechts): A. Nierenvene; B. Nierenarterie; C. Bowman-Kapsel; D. Haargefäß; E. Nierenkanälchen; F. Sammelrohr; G. Haargefäßknäuel; H. Haargefäß

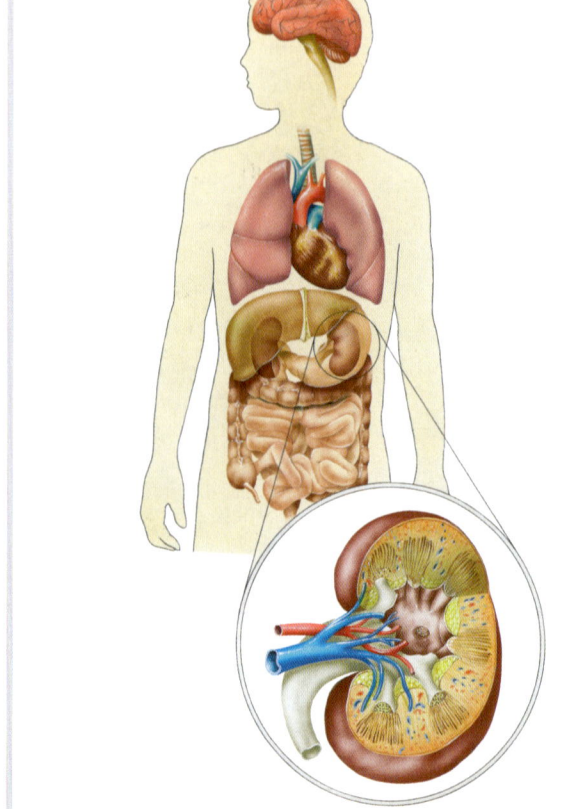

Die Lage der Nieren im Körper. Eine aufgeschnittene Niere zeigt den inneren Aufbau. Von außen nach innen: Rinde, Mark und Becken.

Man soll am Tag 2 bis 3 Liter Flüssigkeit trinken. Wenn man Sport treibt und schwitzt, muss man noch mehr trinken, um den Flüssigkeitsverlust auszugleichen.

Wie viel Harn produzieren die Nieren?

Täglich verlassen ungefähr eineinhalb Liter Urin den Körper. An Primärharn werden in den Nierenkörperchen (den Nephronen) täglich 170 Liter gefiltert.

Was passiert in einem Nephron?

Im Nierenkörperchen wird das Blut filtriert: Wasser, Salze und andere kleine Moleküle gelangen vom Haargefäßknäuel in die Bowman-Kapsel. Diese Flüssigkeit ist der Primärharn. Im Blut verbleiben die Zellen und große Moleküle. Der Primärharn wird über das u-förmige Nierenkanälchen hinab ins Mark und wieder hoch in die Rinde geleitet.

Jede Niere hat im Mark- und Rindenbereich über eine Million eng gepackte Filtereinheiten, die Nephrone. Sie stellen den Harn her. Sie bestehen aus einem Haargefäßknäuel, das von der Bowman-Kapsel umgeben ist, und einem u-förmigen Nierenkanälchen.

Was sind Nephrone?

Durchaus und ohne Beeinträchtigung. Die eine Niere übernimmt die Aufgabe der anderen mit. Erst wenn beide Nieren ausgefallen sind, muss entweder eine Niere eines Spenders verpflanzt werden oder zweimal wöchentlich zur Dialyse (Blutwäsche) gegangen werden.

Kann man mit einer Niere leben?

Dialyse ist der künstliche Ersatz für die Filterfunktion der Niere. Das Blut des Patienten wird durch einen Kreislauf mit Membranfiltern gepumpt. Der Patient ist dabei die ganze Zeit an den Kreislauf der Maschine angeschlossen.

Was ist Dialyse?

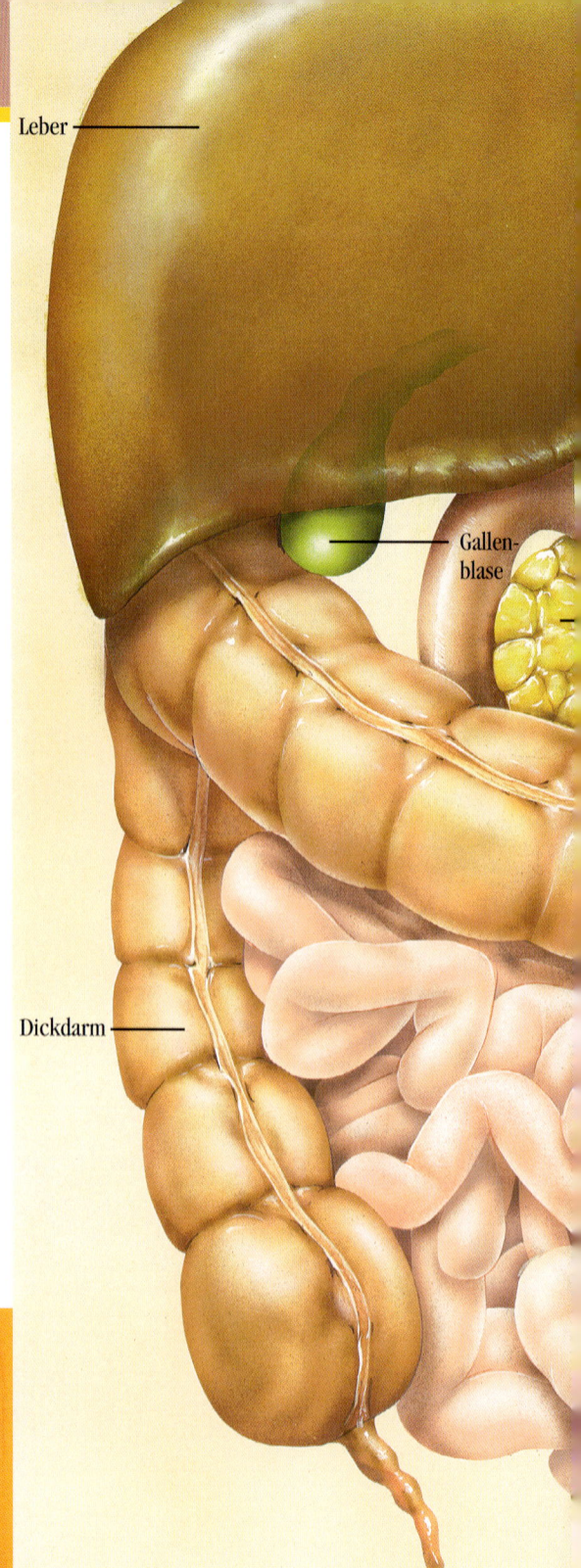

Leber

Gallen-
blase

Dickdarm

Wie setzt sich der Urin zusammen?

Der Urin besteht zu 95 Prozent aus Wasser. Substanzen, die der Körper nicht mehr benötigt, sind darin gelöst. Am stärksten ist der Harnstoff vertreten, der in der Leber aus überschüssigem Stickstoff gebildet wird.

Welche Aufgaben hat die Harnblase?

Sie ist ein elastischer Muskelsack, der in der Größe von einer Pflaume bis zu einer Grapefruit schwankt, je nach Füllungsgrad. Sie speichert den Urin, der über die beiden Harnleiter gekommen ist, bis er über die Harnröhre ausgeschieden werden kann. Unten geht die Harnröhre ab, die den Harn nach außen ableitet.

Wie scheidet der Mensch Wasser aus?

Wasser geht dem Körper über Harn, Stuhl und Schweiß verloren. Außerdem verdunstet ein Teil über die Lungen und die Haut. Am meisten Wasser wird über den Harn ausgeschieden, gefolgt von Haut und Lunge.

Woraus besteht Schweiß?

Schweiß besteht aus Wasser, Salzen und Abfallstoffen des Körpers. An einem heißen Tag kann der Körper bis zu zehn Liter Schweiß ausscheiden, worin etwa 30 Gramm Salz gelöst sind.

Beim Schwitzen gelangt über die Schweißdrüsen der Haut viel Wasser (99 Prozent) mit gelöstem Kochsalz und Harnstoff nach außen, um die Haut abzukühlen. In der Sauna wird dieser Vorgang außerordentlich gefördert.

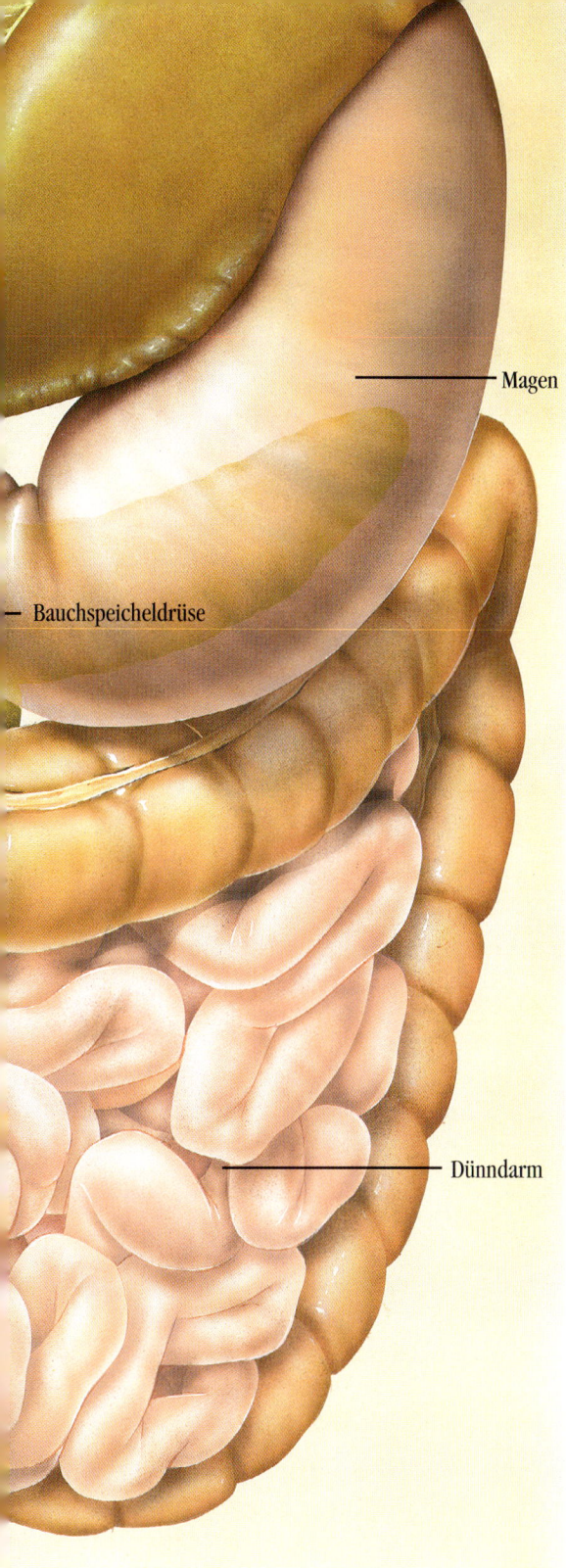

Die Schweißdrüsen in der Lederhaut bilden eine wässrige Flüssigkeit, die über die Poren nach außen gelangt. An der Hautoberfläche verdunstet der Schweiß und trägt zur Kühlung des Körpers bei. Besonders viele Schweißdrüsen gibt es unter den Armen, in der Leistenbeuge, auf den Handflächen, den Fußsohlen und im Gesicht.

Wo wird der Schweiß gebildet?

Kot oder Stuhl enthält unterschiedlich viel Wasser und unverdaute Fasern, abgestorbene Darmzellen, lebende und tote Bakterien.

Was enthält der Kot?

Der Dickdarm beherbergt mehr Bakterien als sonst insgesamt im Körper vorkommen. Sie zersetzen organisches Material und erzeugen dabei Gase. Die Bakterien machen bis zu 50 Prozent der Stuhlmenge aus.

Wozu sind Darmbakterien da?

Durch Wellenbewegungen des Darms gelangt der Stuhl in den Mastdarm. Dort kann er eine Weile gespeichert werden. Der eigentliche Stuhlgang wird von Reflexen vorbereitet und vollzieht sich mit der gezielten Entspannung des äußeren Afterschließmuskels. Durch den geöffneten After wird der Stuhl ausgeschieden.

Was passiert beim Stuhlgang?

Magen

Bauchspeicheldrüse

Dünndarm

Der Enddarm wird aus Grimmdarm und Mastdarm gebildet, das entspricht dem Dickdarm ohne den Blinddarm.

Viel Bewegung hält nicht nur fit, sondern sorgt auch für eine geregelte Verdauung.

HAUT & HAAR

Die Haut ist ein Organ, das wir ständig vor Augen haben. Entsprechend wichtig ist die Haut für uns, wie nicht zuletzt an dem riesigen Angebot an Hautpflegemitteln deutlich wird. Gehörte in früheren Zeiten eine blasse Haut zum Schönheitsideal, so ist es heute die gebräunte Haut, die viele Menschen anstreben, auch wenn das Bad in der Sonne das Risiko für Hautkrebs beträchtlich erhöht.

Wie die Haut sind auch unsere Haare von Moden berührt. Das war schon immer so. Der Name einer italienischen Region geht auf eine solche Haarmode zurück: die Lombardei. Der Begriff bedeutete in der Völkerwanderungszeit: „Heimat der Langbärte".

Aus welchen Schichten ist die Haut aufgebaut?

Bei der Haut unterscheidet man die Schicht der Oberhaut, die außen an der Oberfläche liegt, und die Schicht der Lederhaut, die unter der Oberhaut zu finden ist. Die Oberhaut wiederum besteht von außen nach innen aus einer Hornschicht, einer Hornbildungsschicht und einer so genannten Erneuerungsschicht. Die Blutgefäße, die die Haut mit Sauerstoff und Nährstoffen versorgen, und die Zellen für das Tastempfinden liegen in der Lederhaut.

Warum ist die Hornschicht der Haut nicht überall am Körper gleich dick?

Wenn wir unsere Haut betrachten, fällt auf, dass die Hornschicht an manchen Stellen des Körpers dicker ist als an anderen. So haben wir z. B. eine dicke Hornschicht an den Fußsohlen und eine relativ dicke Hornschicht auch auf der Handfläche. Die dicke Hornschicht schützt die darunter liegenden Hautschichten besser gegen Reibung und Abnutzung.

Passt sich die Dicke der Hornschicht mit der Zeit der Beanspruchung an?

Wird ein Hautbereich immer stark beansprucht, wird auch die Hornschicht an dieser Stelle mit der Zeit dicker. Wenn man z. B. viel barfuß läuft, entwickelt sich mit der Zeit an den Fußsohlen eine dicke Hornschicht, und es stört nicht mehr so, wenn man über kleine Steinchen läuft. Diese Hornhaut kann sich übrigens überall bilden, nicht nur an Händen und Füßen.

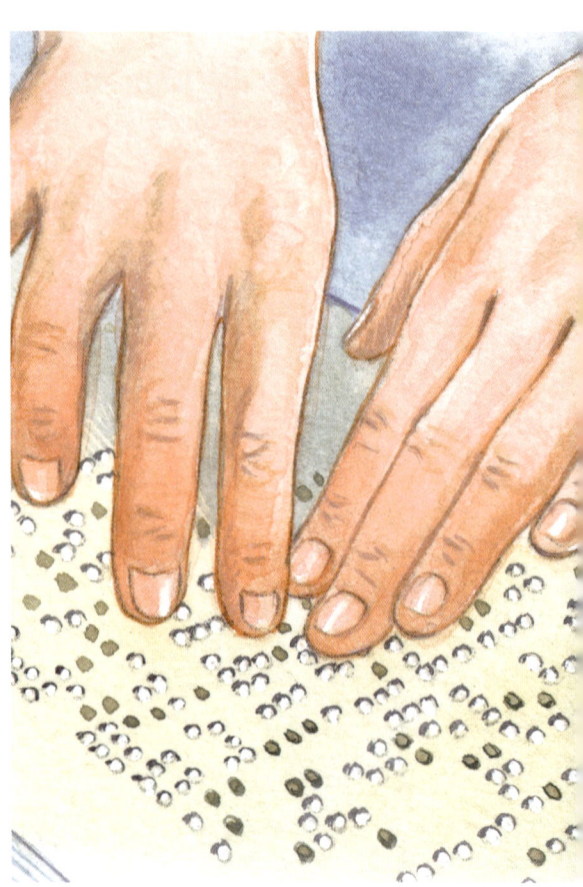

Unsere Fingerspitzen sind so tastempfindlich, dass wir mit ihnen sogar die kleinen Unebenheiten der Blindenschrift erkennen können.

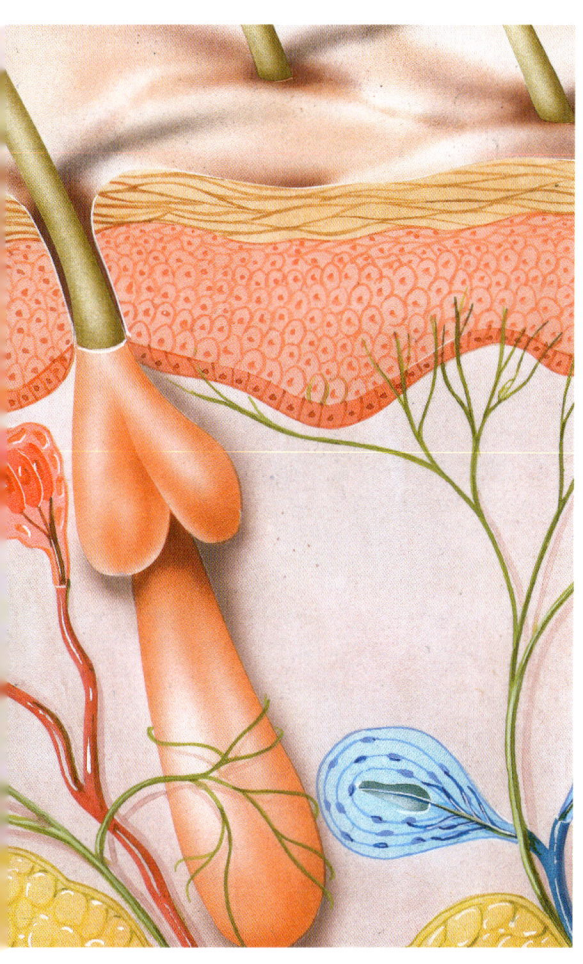

Schnitt durch die Haut. Die Oberhaut mit Hornschicht und Hornbildungsschicht sowie die Lederhaut mit Blutgefäßen und einer Haarwurzel sind deutlich zu erkennen.

Die gesamte Körperoberfläche eines erwachsenen Menschen, die von Haut bedeckt ist, beträgt ungefähr 1,7 Quadratmeter. Man müsste 44 DIN-A4-Blätter nebeneinander legen, um auf eine Fläche dieser Größe zu kommen. Damit ist die Haut unser größtes Organ.

Wie groß ist die Haut?

Die Hornschicht der Haut, z. B. auf der Nase, ist nur 0,1 bis 0,2 Millimeter dick. Wie dünn dies ist, kann man immer dann sehen, wenn sich nach starker Sonneneinstrahlung die verbrannte Haut auf der Nase schält.

Wie dick ist die Hornschicht?

Zwischen der Haut und den Muskeln gibt es noch die Unterhaut. Wenn man mit zwei Fingern etwas Haut greift und leicht anhebt, hebt man immer Haut und Unterhaut gleichzeitig an, da diese beiden Schichten fest miteinander verwachsen sind.

Was ist die Unterhaut?

In der Unterhaut finden wir eine stark fetthaltige Schicht. Diese Schicht umgibt uns wie ein dünnes Polster und schützt uns vor Auskühlung und Stößen, außerdem dient sie uns als Energiespeicher.

Welche Aufgaben hat das Unterhautfettgewebe?

Die Fettschicht ist an unserem Körper verschieden stark ausgebildet. So finden wir Fettpolster eher am Bauch und an den Hüften. Dieses so genannte „Speicherfett" hält unser Körper als Energiereserve für Zeiten bereit, in denen wir wenig Energie mit der Nahrung zuführen (etwa wenn wir fasten). Bei übergewichtigen Menschen ist die Fettschicht am ganzen Körper kräftiger als normal und kann mehrere Zentimeter dick sein.

Ist diese Fettschicht überall an unserem Körper und bei jedem Menschen gleich dick?

Das Fettpolster an der Fußsohle erfüllt einen besonderen Zweck: Dieses so genannte „Baufett" schützt unsere Fußknochen und letztendlich unser gesamtes Skelett vor Stößen beim Gehen.

Welche besondere Aufgabe hat das Fettpolster an der Fußsohle?

Wie kommt es zu einer hellen oder dunklen Hautfarbe?

In der Oberhaut gibt es Zellen, die einen dunklen Farbstoff enthalten, das Melanin. Je nachdem wie viele dieser Zellen in unserer Haut vorhanden sind, haben wir eine helle, bräunliche oder eine ganz dunkle Hautfarbe.

Warum wird unsere Haut in der Sonne braun?

Durch die Sonnenstrahlen wird die Bildung des Farbstoffs Melanin in den Zellen gefördert. Die entstehende braune Farbe hilft dem Körper, sich vor zu starker Sonneneinstrahlung zu schützen.

Gibt es auch Menschen, die nie braun werden?

Bei manchen Menschen wird im Körper überhaupt kein Melanin gebildet. Sie sind ganz weiß (auch ihre Haare) und müssen sich durch Kleidung und starke Sonnenschutzcremes gut vor den Sonnenstrahlen schützen. Diesen Mangel an Hautfarbstoff nennt man Albinismus.

Was sind Altersflecken?

Grundsätzlich nimmt mit zunehmendem Alter die Produktion des Hautfarbstoffs Melanin ab. In einigen Hautbereichen, insbesondere auf dem Handrücken und im Gesicht nimmt die Melaninproduktion jedoch zu. Hier kommt es im Alter oft zu dunklen Flecken, die man auch als Altersflecken bezeichnet.

Am Meer wird das Sonnenlicht zusätzlich von der Wasseroberfläche reflektiert, weshalb man unbedingt eine Sonnencreme mit hohem Lichtschutzfaktor verwenden sollte.

An diesem Ohr schuppt sich durch das Tragen eines Ohrrings aus Messing die Hornschicht, es hat sich ein Kontaktekzem gebildet.

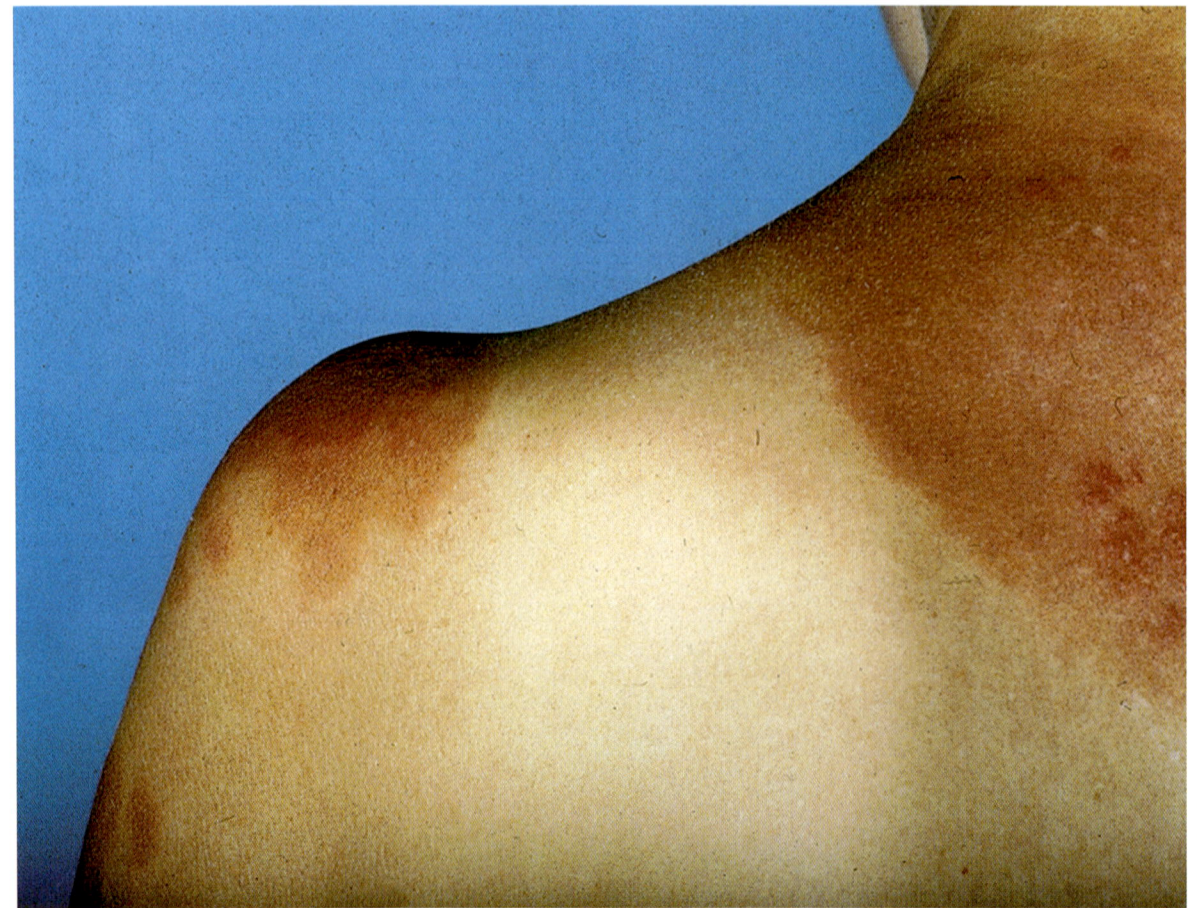

Hier hat sich ein starker Sonnenbrand auf der unbedeckten Haut gebildet, der nicht nur schmerzt, sondern die Haut auch langfristig schädigen kann.

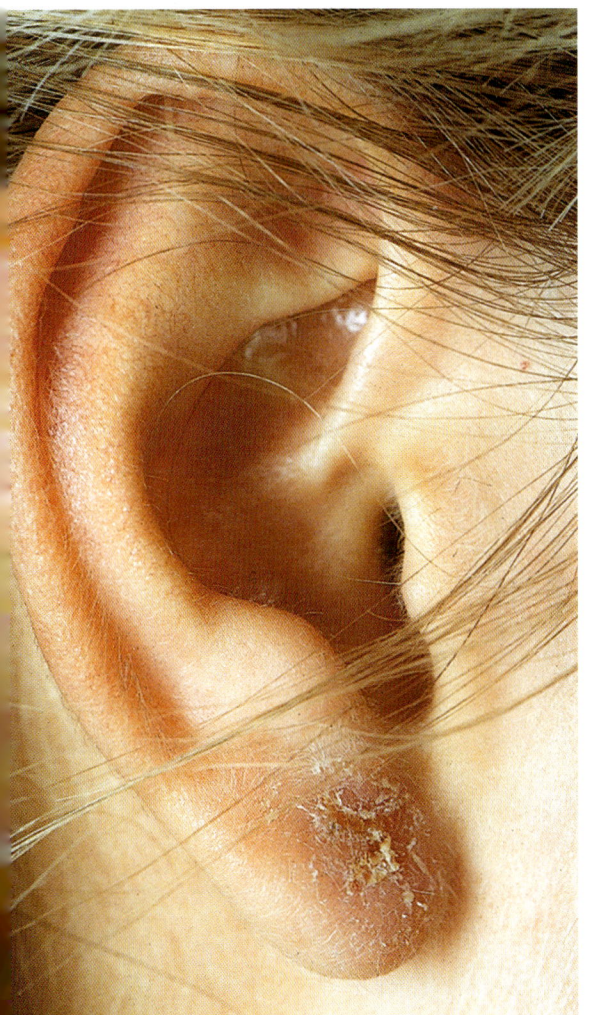

Wir haben in der Haut Sinneszellen, die auf einen Berührungs- oder Druckreiz reagieren und dann eine entsprechende Meldung an unser Gehirn schicken. Dabei genügt bereits ein ganz schwacher Reiz, um eine solche Reaktion auszulösen, etwa die Beinbewegungen einer nur wenige Milligramm schweren Stubenfliege.

Warum können wir spüren, wenn eine Fliege auf unserer Haut läuft?

Es gibt auf unserem Körper in einigen Hautgebieten mehr Sinneszellen, die für Druck- und Berührungsreize zuständig sind, als anderswo. An den Fingerspitzen finden wir besonders viele dieser Zellen, weshalb wir mit den empfindlichen Fingerkuppen ausgezeichnet tasten können. Man spricht deshalb im übertragenen Sinn von Fingerspitzengefühl, wenn jemand sehr behutsam und einfühlsam vorgeht.

Woher kommt der Ausdruck „Fingerspitzengefühl haben"?

Im Narbengewebe, wie es beispielsweise nach einer Blinddarmoperation entsteht, sind die meisten der vorhandenen Sinneszellen nicht mehr funktionsfähig. Deshalb sind wir hier sehr unempfindlich und können oft selbst starke Reize kaum noch wahrnehmen.

Warum haben wir in Hautnarben kaum Gefühl?

Neben den Sinneszellen in der Haut, die unserem Gehirn Berührung oder Druck auf die Haut melden, gibt es noch weitere Sinneszellen, die uns über Kälte oder Wärme informieren. Diese Zellen bezeichnet man als Temperaturrezeptoren.

Warum können wir fühlen, ob ein Gegenstand heiß oder kalt ist?

Dank der Temperaturrezeptoren können wir uns vor schlimmen Verbrennungen schützen. Berühren wir beispielsweise eine eingeschaltete Herdplatte, melden die Temperaturrezeptoren die Information „Vorsicht heiß!" über Nervenbahnen in Richtung Gehirn weiter. Durch einen schnellen Reflex ziehen wir dann sofort unsere Hand von der Herdplatte zurück.

Wozu brauchen wir Temperaturrezeptoren?

Welche Aufgaben hat die Haut?

Die Haut schützt uns auf vielerlei Weise: Sie reguliert unsere Körpertemperatur, verhindert, dass wir austrocknen und wehrt Krankheitserreger ab. Außerdem ist die Haut ein wichtiges Sinnesorgane und darüber hinaus auch bei der Kommunikation mit anderen Menschen beteiligt.

Wie schützt uns unsere Haut?

Durch die Hornschicht der Haut und durch das Unterhautgewebe sind wir gegen Stöße und Verletzungen besser geschützt. Außerdem kann uns Kälte nicht so schnell schädigen.

Wie reguliert die Haut die Körperwärme?

Die Haut hilft dem Körper, seine Temperatur im richtigen Bereich zu halten. Wenn dem Körper kalt wird, verengen sich die Gefäße in der Haut, und es geht weniger Wärme nach außen verloren. Ist ihm hingegen heiß, erweitern sich die Blutgefäße der Haut, und es kann Wärme vom Körperinnern nach außen geleitet werden. Zudem geben Drüsen in der Haut Schweiß ab, der verdunstet und so dem Körper Wärme entzieht.

Geht durch Schwitzen viel Wasser verloren?

Halten wir uns in sehr heißen oder trockenen Gegenden auf, verlieren wir über die Haut eine Menge Wasser. Dies bemerken wir aber nicht unbedingt, da der Schweiß aufgrund der hohen Temperatur sofort verdunstet. An einem Tag in der Wüste können wir durchaus mit 10 Litern Schweißverlust rechnen. Die entsprechende Menge an Flüssigkeit müssen wir natürlich wieder zu uns nehmen.

Wie schützt uns die Haut vor Austrocknung?

Hätten wir keine Haut, könnte die Flüssigkeit im Körper viel einfacher in die Umgebung verloren gehen. Innerhalb kürzester Zeit würden wir austrocknen. Umgekehrt ist es aber auch so, dass es die Schweißdrüsen in der Haut ermöglichen, durch das Schwitzen einen Flüssigkeitsüberschuss im Körper langsam abzubauen.

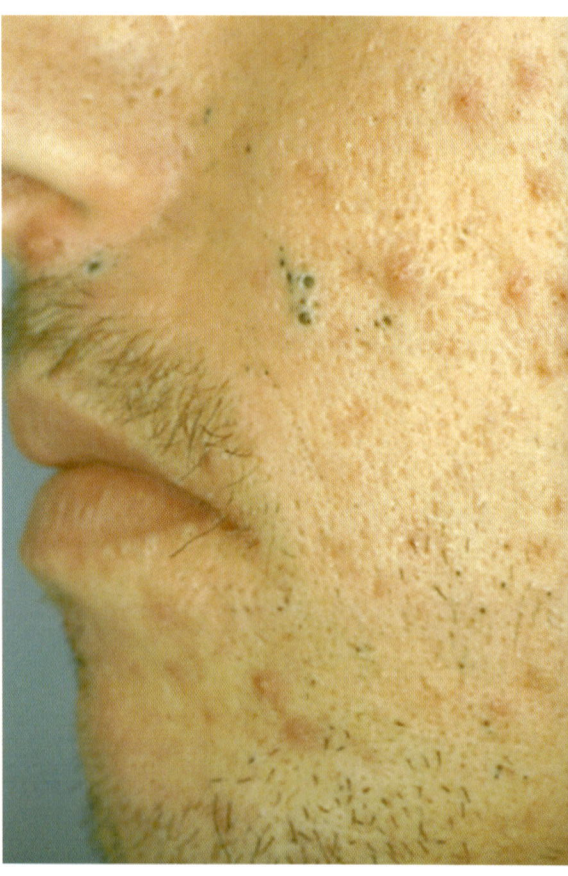

Akne tritt zwar meist in der Pubertät auf, aber auch Erwachsene leiden darunter.

Schwitzen macht nicht einfach nur durstig, sondern sorgt auch für Abkühlung des Körpers bei Hitze und sportlicher Anstrengung.

Die Haut ist eines unserer wichtigsten Organe. Geht ein großer Teil der Haut verloren (z. B. durch einen Unfall oder schwere Verbrennungen), ist dies lebensgefährlich. Daher muss auf großflächige Wunden oft ein künstlicher Hautersatz aufgelegt werden, bis sich eine neue Haut bilden und ihre Aufgaben wieder erfüllen kann. Manchmal muss dazu auch Haut von gesunden Körperstellen entnommen und auf die großflächigen Wunden verpflanzt werden.

Bei der Hautpflege müssen wir auf hautfreundliche Produkte achten – nicht nur für das Gesicht.

Überall in der Haut finden sich eine Reihe verschiedener Sinneszellen, die uns auf vielfältige Weise über unsere Umgebung informieren. Es gibt spezielle Zellen für Berührungsreize, für Druckreize, für Temperaturreize und für Schmerzreize.

Wie können wir mit der Haut unsere Umwelt wahrnehmen?

Auf der Haut lassen sich ständig Krankheitserreger wie Bakterien, Pilze oder Viren, nieder. Sie werden auf zwei Arten bekämpft: zum einen durch spezialisierte Abwehrzellen in der Haut, zum anderen durch den so genannten Säureschutzmantel auf der Haut. Dieser wird durch Drüsen erzeugt, die eine schwache Säure produzieren und an die Hautoberfläche abgeben, die so für viele Erreger unbewohnbar wird.

Wie kann die Haut Krankheiten abwehren?

Duschen oder baden wir zu oft, nimmt der Säureschutzmantel Schaden. Dann können schnell Hautentzündungen die Folge sein. Außerdem gibt es Krankheiten (z. B. die Zuckerkrankheit), bei denen der Säureschutzmantel ebenfalls geschwächt wird und es somit schneller zu Hautentzündungen kommen kann.

Kann der Säureschutzmantel der Haut verloren gehen?

Wenn wir uns mit jemandem unterhalten, können wir tatsächlich mit der Haut Signale an unser Gegenüber aussenden. Wird unsere Haut nämlich plötzlich blass, weiß unser Gesprächspartner, dass wir gerade über etwas furchtbar erschrocken sind, ohne dass wir dies besonders betonen. Erröten wir (die Haut wird gut durchblutet), weiß unser Gegenüber sofort, dass wir gerade peinlich berührt sind oder etwas unangenehm finden.

Wie können wir mit der Haut Signale aussenden?

Das Erblassen oder das Erröten unserer Haut können wir nicht über unseren Willen steuern. Wir erblassen und erröten also, ob wir das nun wollen oder nicht.

Können wir absichtlich erröten?

Werden Haare und Nägel zur Haut gerechnet?

Da Haare und Nägel in ihrem Aufbau sehr der Hornschicht der Haut ähneln, werden sie als Teile der Haut gesehen. In der Medizin werden Haare, Fuß- und Fingernägel manchmal auch als Hautanhangsgebilde bezeichnet.

Welche Funktionen haben die Haare?

Das Kopfhaar schützt den Menschen vor Auskühlung und im Sommer auch vor zu starker Sonneneinstrahlung. Die Haare am übrigen Körper reagieren sehr empfindlich auf Berührungsreize und dienen dem Tastempfinden.

Weshalb haben wir auch in der Nase, in den Ohren und um die Augen herum Haare?

Die Haare in Nase und Ohren sollen verhindern, dass Fremdkörper (etwa große Staubkörner) über die Luft in den Körper gelangen. Die Wimpern sind dazu da, Fremdkörper von unserem empfindlichen Auge fern zu halten, während die Augenbrauen dafür sorgen, dass uns der Schweiß von der Stirn nicht in die Augen läuft.

Welche Aufgabe haben unsere Nägel?

Die Nägel stellen einen Schutz für die letzten Fuß- und Fingerglieder dar. Zudem üben Fingernägel beim Tasten einen Gegendruck auf die Fingerspitzen aus, sodass wir genauer fühlen können.

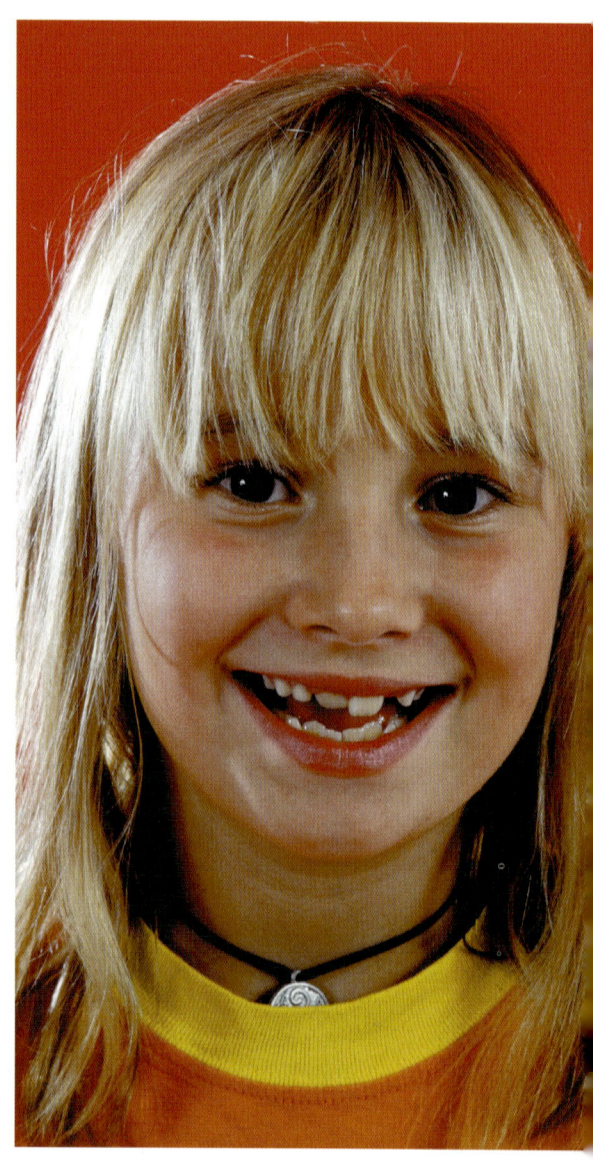

Die Kopfhaare dienten dem Menschen auch immer dazu, seine Persönlichkeit zum Ausdruck zu bringen. Gel-gestylte Strähnen, ausgefallene Farben oder Frisuren sollen etwas über den Träger verraten.

Die Haarfarbe, die Haarfülle und die Wuchsrichtung – die für die Bildung von Wirbeln verantwortlich ist – sind von der Natur vorgegeben und fallen bei jedem Menschen unterschiedlich aus.

Unsere Fingernägel sind Schutz und Werkzeug zugleich.

Mit zunehmendem Alter reagieren die Haarwurzeln immer empfindlicher auf Geschlechtshormone. Die Wurzeln sterben ab, und die Haare fallen aus. Das kann auch Frauen passieren, jedoch ist es bei ihnen nicht so häufig. Mittlerweile gibt es Medikamente, die Haarausfall stoppen können.

Warum bekommen viele Männer im Alter eine Glatze?

Unsere urzeitlichen Vorfahren hatten einen viel ausgeprägteren Haarwuchs als wir. Ihr Körperhaar war fast so dicht wie ein Fell und schützte sie vor Kälte, Nässe, Wind und Sonnenstrahlen.

Hatten unsere Urahnen einen Haarwuchs wie wir?

Genau wie die Kleidung sind auch die Haare schon seit sehr langer Zeit verschiedenen Moden unterworfen. Im Laufe der Zeit gab es schon alle möglichen Haarschnitte: mal kurz und mal lang, als Zopf zusammengebunden, offen getragen oder auch unter einer Perücke versteckt.

Waren unsere Haare schon immer ein Thema der Mode?

Ein Haar wächst etwa 0,3 Millimeter pro Tag. Das ergibt in einem Monat einen Längenzuwachs von etwa einem Zentimeter. Nägel wachsen unterschiedlich schnell. Am schnellsten wachsen der Daumennagel und der Nagel der großen Zehe: etwa 0,1 Millimeter pro Tag. Das ist fast doppelt so viel wie die Nägel der kleinen Zehen.

Wie schnell wachsen Haare, wie schnell Finger- und Fußnägel?

Wie viele Haare verlieren wir an einem Tag?

Manche Leute erschrecken regelrecht, wenn sie sehen, wie viele Haare nach dem Duschen in der Badewanne zurück bleiben. Normalerweise verliert der Mensch jedoch nur etwa 80–120 Haare pro Tag, und in der Regel wachsen so viele Haare wieder nach, wie vorher ausgefallen sind.

Gibt es Unterschiede in der Behaarung von Mann und Frau?

Männer und Frauen unterscheiden sich stark in ihrer Körperbehaarung. Das bezieht sich nicht nur auf den deutlich sichtbaren Bartwuchs: Viele Männer haben einen starken Haarwuchs an Armen, an Beinen, auf der Brust und am Bauch. Auch ihr Rücken ist manchmal behaart. Bei Frauen beschränkt sich der deutlich sichtbare Haarwuchs auf die Schamhaare, die Haare unter den Achseln und auf die Beine.

Woher kommt der Ausdruck „Das ist ja haarsträubend"?

Vielleicht hast du schon einmal bemerkt, dass sich bei einem Schreck oder einer starken Aufregung deine Haare im Nacken aufrichten. Bei Katzen kann man dies ebenfalls sehr gut beobachten: Wenn sie sich bedroht fühlen, stellen sich ihre Haare auf. Regen wir uns über etwas auf oder können wir etwas kaum glauben, bezeichnen wir dies oft als „haarsträubend".

Ein Glatzkopf ist der Albtraum vieler Männer. Gegen den hormonell bedingten Haarausfall lässt sich meist nur wenig tun. Allerdings betrachten einige Männer den Kahlkopf heute eher als ein modisches Attribut und weniger als Ungerechtigkeit des Schicksals.

Frisur und Haarfarbe sind der Mode unterworfen.

„Graue" Haare sind eigentlich nicht grau, sondern dieser Eindruck entsteht aus einer Mischung von weißen Haaren mit solchen, die noch die ursprüngliche Farbe behalten haben.

Wann bekommt man eine Gänsehaut?

Bei Wind und Kälte richten sich unsere Haare durch die Anspannung eines kleinen Muskels an der Haarwurzel auf, um uns vor Temperaturverlust zu bewahren. Da der heutige Mensch aber kein dichtes Fellkleid mehr besitzt, nützt das vergleichsweise wenig.

Warum sind die Haare bei älteren Menschen häufig grau?

Die Haarfarbe hängt von dem Farbstoff Melanin ab. Im Alter lässt die Fähigkeit des Körpers, Melanin zu produzieren, nach. Daher werden im Alter die Haare weiß. Weil oft noch einige Haare ihre Farbe behalten, wirkt der Schopf insgesamt grau.

Die Haare der Augenbrauen wachsen ebenfalls, aber sehr, sehr langsam. Aus diesem Grund werden bei Operationen in der Nähe der Augenbrauen diese nur abrasiert, wenn es unvermeidbar ist.

Wie sich an den Unterarmen gut erkennen lässt, haben unsere Haare eine bestimmte Richtung, in die sie wachsen. Auch wenn man versucht, die Haare auf dem Kopf entgegen der Haarwuchsrichtung zu kämmen, stehen einem schnell „die Haare zu Berge"!

Im Mittelalter hatten die Menschen nur Vornamen. Sie hießen dann z. B. nur Jakob oder Johann. Zur besseren Unterscheidung sagte man deshalb häufig „Jakob mit dem krausen Haar" oder „Johann mit dem weißen Kopf". Später entwickelten sich daraus Nachnamen wie „Krause" oder „Weißkopf".

Wachsen Augenbrauen auch?

Wachsen unsere Haare in eine Richtung oder durcheinander?

Wie kommt es, dass sich manche Nachnamen auf unsere Haare beziehen?

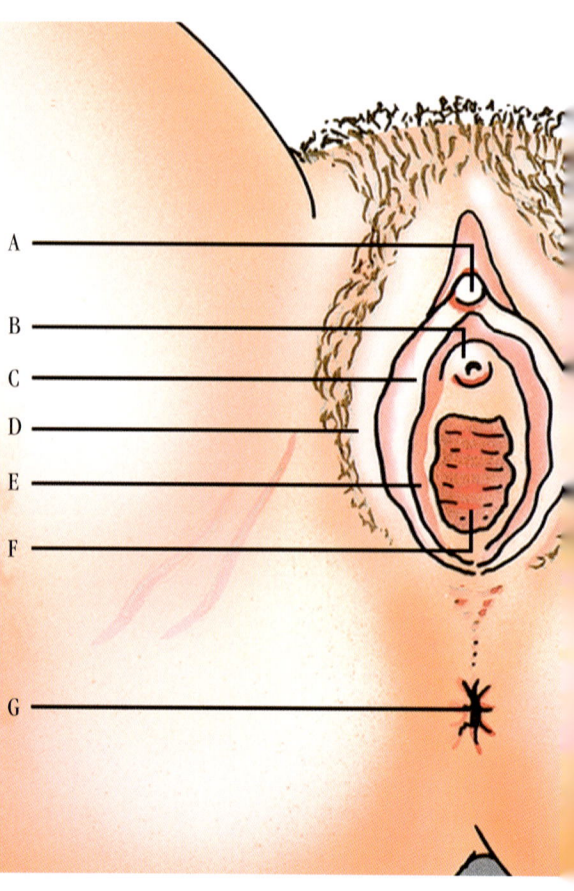

S E X U A L I T Ä T

Im Tier- und Pflanzenreich ist die Fortpflanzung das große Ziel aller Lebewesen. Auch beim Menschen hat die Fortpflanzung einen hohen Stellenwert, wenn auch einen geringeren als früher. Es ist noch nicht lange her, da waren bei uns Familien mit vielen Kindern die Regel. Das hatte auch mit Altersvorsorge zu tun. In Zeiten, in denen es keine Rente gab, waren alte Menschen auf die Versorgung durch ihre Kinder angewiesen. Mit dem sozialen Wohlstand änderte sich dies, und es mussten nicht mehr so viele Nachkommen in die Welt gesetzt werden. Hinzu kommt, dass die Menschen heute auf bessere Verhütungsmittel zurückgreifen können als früher.

Wie unterteilt man die Geschlechtsorgane der Frau?

Liegen die Geschlechtsorgane im Körperinneren, spricht man von den „inneren Geschlechtsorganen". Alle Geschlechtsorgane, die außen liegen und damit sichtbar sind, werden „äußere Geschlechtsorgane" genannt. Oder man unterteilt in „primäre" (bei der Geburt vorhandene, z. B. die Gebärmutter) und „sekundäre" (später entwickelte, z. B. die Brust) Geschlechtsorgane.

Was zählt man zu den Geschlechtsorganen der Frau?

Zu den inneren Geschlechtsorganen zählt man die beiden Eierstöcke, die beiden Eileiter, die Gebärmutter und die Scheide. Zu den äußeren Geschlechtsorganen gehören die Brüste, die kleinen und die großen Schamlippen und die Klitoris.

Welche Aufgabe hat die weibliche Brust?

Neugeborene Säugetiere können noch keine feste Nahrung zu sich nehmen, sondern müssen von der Mutter gesäugt werden. Dies gilt auch für den Menschen. In der Brust liegen die Milchdrüsen, die die nahrhafte Muttermilch für das Baby produzieren.

Die äußeren weiblichen Geschlechtsorgane: A. Klitoris; B. Mündung der Harnröhre; C. kleine Schamlippen; D. große Schamlippen; E. Rest der Jungfernhaut; F. Scheide; G. After.

Welche Funktion hat die Gebärmutter?

In der Gebärmutter reift die Eizelle zum Kind heran. Dabei bilden sich in der Gebärmutter der Mutterkuchen, der das Kind mit allen Nährstoffen versorgt, und die mit Flüssigkeit gefüllte Fruchtblase, in der das Kind bis zur Geburt schwimmt.

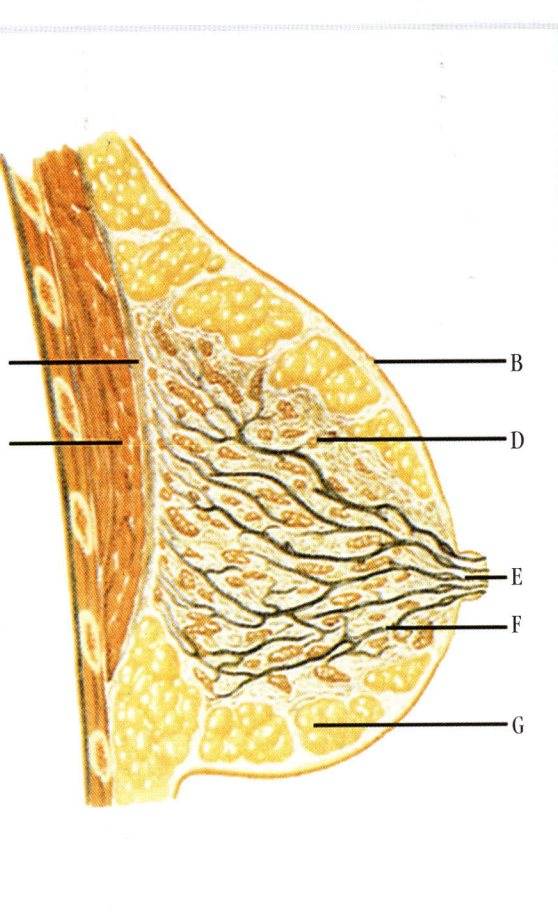

Weibliche Brust: A. Bindegewebe; B. Haut; C. großer Brustmuskel; D. Milchbucht; E. Brustwarze; F. Milchgang; G. Fettgewebe.

Nach der Pubertät bereitet sich die Gebärmutter einmal pro Monat darauf vor, dass sich eine befruchtete Eizelle einnisten könnte. Dabei wachsen in der Gebärmutterschleimhaut neue Blutgefäße, und sie nimmt an Dicke zu. Lässt sich keine Eizelle in der Gebärmutter nieder, wird dieses neu gebildete Gewebe wieder ausgestoßen. Man spricht dabei von der Monatsblutung.

Am äußeren Scheideneingang finden wir rechts und links die kleinen und weiter außen die großen Schamlippen. Am Scheideneingang mündet die Harnröhre ein. Auch finden wir hier die Klitoris, die beim Geschlechtsakt intensiv erregt wird. An der hinteren Seite endet die Scheide nach 8 bis 12 Zentimetern an der Gebärmutter.

Eizellen entwickeln sich in einem komplizierten und langwierigen Vorgang aus den so genannten Keimzellen. Dies alles geschieht im Eierstock. Jedes Mädchen besitzt bei der Geburt in seinen Eierstöcken etwa 1 Million solcher Keimzellen. Nach der Geburt können keine Keimzellen mehr gebildet werden.

Hat eine Keimzelle im Eierstock ihre Entwicklung abgeschlossen, kann sie sich auf den Weg zur Gebärmutter machen. Dabei verlässt sie den Eierstock, was man als Eisprung bezeichnet. Eine geschlechtsreife Frau hat etwa alle 4 Wochen einen Eisprung.

Eine Frau kann nur bis zu einem gewissen Alter Eizellen produzieren. Mit etwa 50 Lebensjahren endet allmählich die Zeit, in der eine Frau schwanger werden und Kinder bekommen kann. Diese Zeit des allmählichen Endes der Fruchtbarkeit nennt man „Wechseljahre" oder als Fachbegriff „Klimakterium".

Wie teilt man die männlichen Geschlechtsorgane ein?

Wie auch bei der Frau werden die Geschlechtsorgane des Mannes in äußere (sichtbare) und innere Geschlechtsorgane, die im Körperinneren liegen, unterteilt.

Welche Organe zählt man zu den Geschlechtsorganen des Mannes?

Zu den inneren Geschlechtsorganen des Mannes gehören die beiden Hoden mit den Nebenhoden, die Samenleiter, verschiedene Drüsen und die Samenbläschen. Die äußeren Geschlechtsorgane des Mannes sind das Glied (Penis) und der Hodensack, in dem sich die Hoden befinden.

Was geschieht in den Hoden?

In den Hoden werden Spermien gebildet, die das für die Fortpflanzung benötigte Erbmaterial in sich tragen. Fertige Spermien wandern dann zur Zwischenlagerung in die Nebenhoden. Zudem produzieren die Hoden auch noch das Hormon Testosteron, das für die männlichen Geschlechtsmerkmale sorgt.

Welche Aufgabe hat der Hodensack?

Spermien benötigen für ihre Entwicklung eine tiefere Temperatur als die eigentliche Körpertemperatur. Deshalb sind die Hoden außerhalb der Bauchhöhle im Hodensack zu finden.

Mit der Pubertät entwickeln sich die typisch männlichen Geschlechtsmerkmale, so auch der Bartwuchs.

Am Penis unterscheidet man die mit dem Beckenboden verwachsene Peniswurzel, den frei beweglichen Penisschaft und die Eichel genannte Penisspitze. Über der Eichel befindet sich als Schutz die Vorhaut. Im Inneren des Penis finden wir Harnröhre, Blutgefäße und die Schwellkörper.

Wie ist der Penis aufgebaut?

Im Falle einer sexuellen Erregung des Mannes füllen sich die Schwellkörper im Penis mit Blut. Der Penis wird dadurch größer und steifer. Das ist notwendig, damit er beim Geschlechtsverkehr in die Scheide der Frau eindringen kann.

Was sind die Schwellkörper?

Zwischen Vorhaut und Eichel sammeln sich mit der Zeit Sekretreste und abgestorbene Hautzellen an. In manchen Ländern hat sich daher die Tradition herausgebildet, die Vorhaut in einem kleinen operativen Eingriff ganz zu entfernen.

Was ist eine Beschneidung?

Das Glied erfüllt hauptsächlich zwei Funktionen: Erstens hat es beim Geschlechtsakt und der Fortpflanzung eine zentrale Rolle inne, zweitens ist es an der Urinentleerung beteiligt, da die Harnröhre an der Eichel nach außen mündet.

Was sind die Funktionen des Glieds?

Haarwuchs auf der Brust zählt zu den männlichen Geschlechtsmerkmalen.

Typisch männlich? Das erwartete Rollenverhalten ist heute längst nicht mehr so klar festgelegt wie früher.

Was ist Sexualität?

Als Sexualität bezeichnet man den gesamten Bereich, der mit dem Geschlechtsverkehr in Zusammenhang steht. Ursprünglich allein auf die Fortpflanzung ausgerichtet, hat die Sexualität heute auch andere Gesichtspunkte bekommen.

Wie werden wir geschlechtsreif?

Geschlechtsreif ist ein weibliches Lebewesen, wenn es schwanger werden und Kinder bekommen kann, und ein männliches Lebewesen, wenn es Spermien produzieren und Kinder zeugen kann. Die Entwicklung zur Geschlechtsreife bezeichnet man als Pubertät.

Was ist die Intimzone?

Die Intimzone umschreibt den Bereich der äußeren Geschlechtsorgane. Unsere Intimzone ist für uns eine besonders geschützte Zone, die nur wenige vertraute Menschen berühren dürfen.

Was sind erogene Zonen?

Jeder Mensch hat Bereiche an seinem Körper, die ihn bei einer zärtlichen Berührung mehr stimulieren als eine Berührung anderer Körperstellen (z. B. der Hals oder die Innenseiten der Oberschenkel). Diese so genannten erogenen Zonen können von Mensch zu Mensch sehr unterschiedlich sein.

Die Einnahme der Antibabypille verhütet mit großer Sicherheit eine Schwangerschaft.

Von Natur aus ist die Fortpflanzung das Ziel der Sexualität.

In der Pubertät entwickelt sich auch das Interesse am anderen Geschlecht.

Der Geschlechtsverkehr zwischen Mann und Frau beginnt mit dem Vorspiel. In dieser Phase versteift sich der Penis, und die Scheide wird feuchter. Durch rhythmische Bewegungen des Penis in der Scheide steigert sich die Erregung bis zum sexuellen Höhepunkt, dem Orgasmus. Beim Mann wird in diesem Moment die Samenflüssigkeit mit den darin enthaltenen Spermien in die Scheide entleert. Die sexuelle Erregung nimmt nun wieder ab, und der Penis erschlafft.

Wie läuft der Geschlechtsverkehr zwischen Mann und Frau ab?

Dies sind Erkrankungen, die im Rahmen sexueller Handlungen von dem einen Geschlechtspartner auf den anderen übertragen werden. Manche dieser Krankheiten sind sehr gefährlich. Das Tragen eines Kondoms beim Geschlechtsverkehr kann die Gefahr der Ansteckung vermindern.

Was sind sexuell übertragbare Krankheiten?

Einen Mann, der den Geschlechtsverkehr nicht ausüben kann, weil sein Penis nicht oder nicht lange genug steif wird, bezeichnet man als impotent. Die Ursachen hierfür können sowohl seelischer als auch körperlicher Natur sein.

Wann ist ein Mann impotent?

Um nicht schwanger zu werden, gibt es für die Frau einige Methoden zur Schwangerschaftsverhütung. Zu ihnen gehört auch die „Pille", eine kleine Tablette, die schwangerschaftsverhütende Hormone enthält. Die Pille wirkt jedoch nur, wenn sie täglich und am besten immer zur selben Zeit eingenommen wird.

Was ist „die Pille"?

Auch Männer können zur Schwangerschaftsverhütung beitragen. So kann ein Mann beim Geschlechtsverkehr z. B. ein Kondom tragen. Das ist eine dünne Haut aus einem gummiartigen Material, die über das steife Glied gezogen wird. Andere Bezeichnungen für ein Kondom sind „Präser(vativ)", „Pariser" oder auch „Gummi".

Welche Verhütungsmethoden gibt es für den Mann?

Mit welchem Ereignis beginnt die Schwangerschaft?

Bei der geschlechtlichen Vereinigung von Mann und Frau gelangen mit dem Sperma des Mannes rund 200 bis 300 Millionen Samenzellen in die Frau. Von diesen Millionen Samenzellen schafft es aber nur eine einzige, in die weibliche Eizelle einzudringen. Ab diesem Zeitpunkt, der so genannten Befruchtung, beginnt die Schwangerschaft.

Wo findet die Befruchtung statt?

In den meisten Fällen treffen sich die Eizelle und die Samenzelle im Eileiter. Nach der Verschmelzung mit der Samenzelle bezeichnet man die Eizelle auch als Keim.

Wo entwickelt sich die befruchtete Eizelle?

Der Keim wandert nun in die Gebärmutter, wo er sich weiterentwickelt. In seltenen Fällen bleibt der Keim im Eileiter kleben oder wandert nach oben in die Bauchhöhle. Das kann dann für die Schwangere sehr gefährlich werden und muss schnell operiert werden. Solche Komplikationen bezeichnet man als Eileiterschwangerschaft bzw. Bauchhöhlenschwangerschaft.

Wie lange dauert eine Schwangerschaft beim Menschen?

Die Schwangerschaft beim Menschen dauert in der Regel 9 Monate. Kommt ein Kind zu früh auf die Welt, sprechen wir von einer Frühgeburt und bezeichnen das Kind als „Frühchen". Da zu früh geborene Kinder Krankheiten gegenüber sehr anfällig sind, müssen sie im Brutkasten im Krankenhaus versorgt werden.

Was ist der Mutterkuchen?

An der Gebärmutterwand bildet sich an der Stelle, an der sich der Keim festgesetzt hat, eine schwammartige Schicht, die ihn mit den benötigten Nährstoffen versorgt. Diese Schicht bezeichnet man als Mutterkuchen. Der Keim ist über die Nabelschnur mit dem Mutterkuchen verbunden. Nach der Geburt des Kindes tritt auch der Mutterkuchen aus der Gebärmutter aus, man bezeichnet ihn daher als „Nachgeburt".

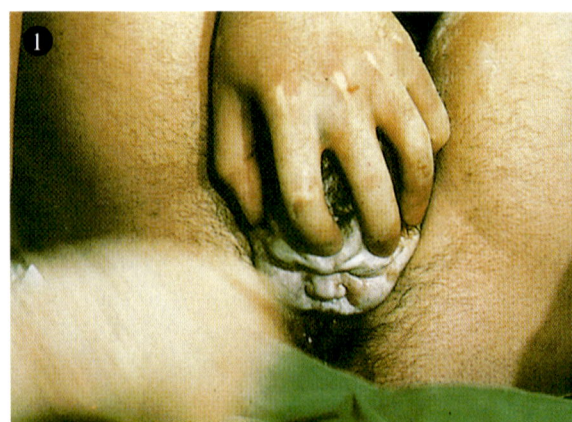

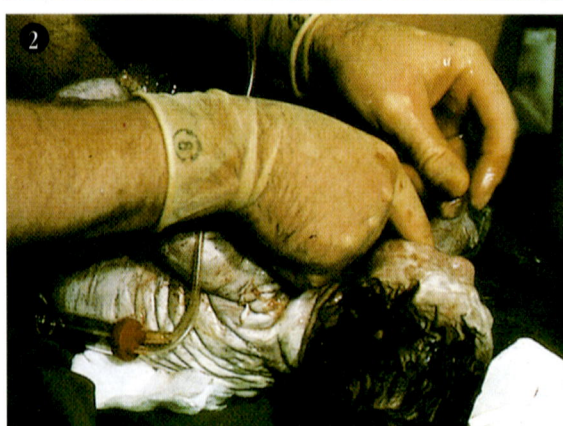

Ein Kind wird geboren: 1. Zunächst erscheint der Kopf des Kindes. 2. Gleich nach der Geburt wird dem Kind Schleim und Wasser aus Nase und Mund entfernt, damit es atmen kann.

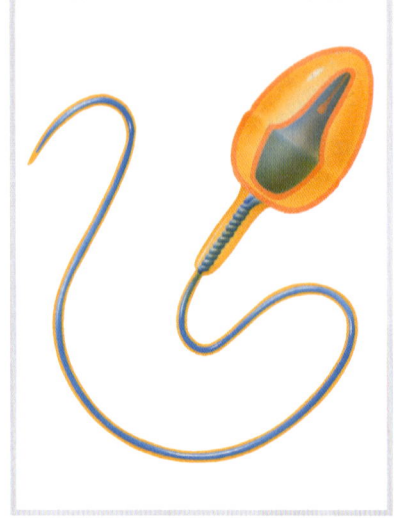

Eine männliche Samenzelle mit dem Kopf (gelb), der den Zellkern enthält (blau), und dem Schwanz, der das Spermium beweglich macht.

Hat sich der befruchtete Keim über die Nabelschnur mit der Gebärmutter verbunden, bezeichnet man ihn als Embryo. Bereits nach fünf Wochen lassen sich bei ihm Kopf, Rücken und Herz unterscheiden. Nach dem dritten Schwangerschaftsmonat spricht man beim ungeborenen Kind von einem Fötus. Obwohl es dann noch über 28 Wochen bis zur Geburt sind, verfügt der Fötus bereits über Augenlider sowie Finger- und auch Fußnägel.

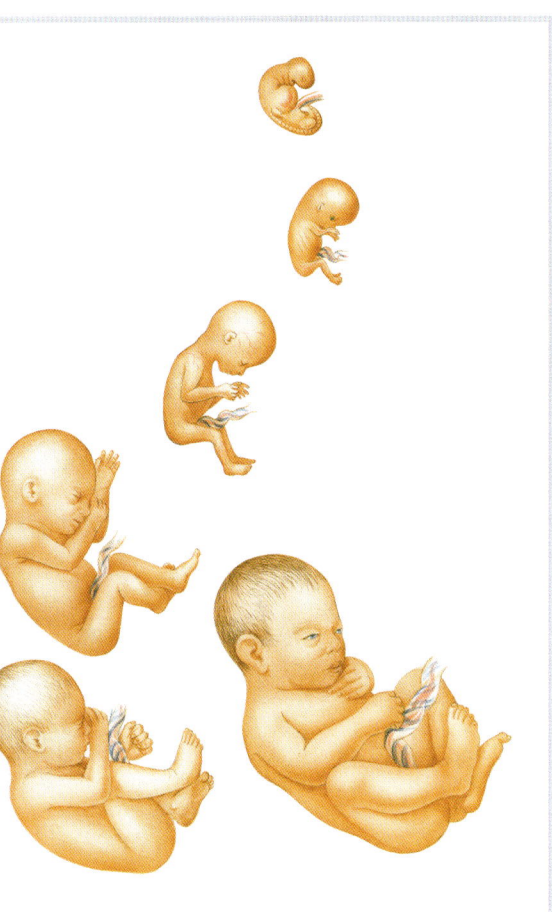

Die Entwicklung des Kindes vor der Geburt; mit vier Monaten ist der Embryo etwa 16 Zentimeter groß.

Sieht der Keim von Beginn an aus wie ein kleiner Mensch?

Nein. Zunächst ist er eine kleine Kugel. Diese Kugel wächst mit der Zeit, und ihre Zellen teilen sich. Im Laufe der folgenden Wochen und Monate entwickeln sich unsere Organe, und Arme und Beine werden immer besser erkennbar und sind bis zur Geburt schließlich voll entwickelt.

Braucht das ungeborene Kind Luft zum Atmen?

Das Kind im Bauch der Mutter braucht keine Luft zum Atmen. Alles, was es braucht, also Nahrung, Sauerstoff usw., erhält es über die Nabelschnur aus dem Mutterkuchen. In den Mutterkuchen gelangen diese notwendigen Dinge aus dem Blut der Mutter. Das Kind selbst ist in der Gebärmutter vom Fruchtwasser umgeben.

Was sind Wehen?

Kurz vor der Geburt zieht sich die Gebärmutter immer wieder krampfartig zusammen. Diese Krämpfe bezeichnet man auch als Wehen. Durch die Wehen wird das Kind aus dem Bauch der Mutter geschoben. Für die Mutter ist dieser Vorgang sehr schmerzhaft.

Kommt das Kind immer mit dem Kopf zuerst auf die Welt?

In den meisten Fällen tritt der Kopf zuerst aus der Scheide heraus. Es kommt jedoch manchmal vor, dass das Kind mit dem Steißbein am Beckenausgang liegt. Da eine solche Geburt nicht ohne Gefahr für das Kind und die Mutter ist, werden solche Kinder operativ ans Licht der Welt gebracht. Die Operation nennt man „Kaiserschnitt".

Was passiert unmittelbar nach der Geburt?

Sobald der ganze Körper des Kindes geboren ist, wird die Nabelschnur abgeklemmt und schließlich mit einer Schere durchtrennt. Manchmal darf dies der Vater machen, wenn er bei der Geburt anwesend ist. Da das Kind nun nicht mehr über die Nabelschnur mit Sauerstoff versorgt wird, muss es beginnen zu atmen. Dies geschieht mit einem ersten lauten Schrei.

Wann steht fest, ob ein Kind ein Junge oder ein Mädchen wird?

Die Entscheidung, ob sich aus einer Eizelle ein Junge oder ein Mädchen entwickelt, fällt bereits im Augenblick der Befruchtung. Wird die Eizelle von einem Spermium mit weiblicher Erbanlage befruchtet, entsteht ein Mädchen, wird sie von einem Spermium mit männlicher Erbanlage befruchtet, entwickelt sich ein Junge.

Was sind Geschlechtschromosomen?

Unser gesamtes Aussehen, etwa welche Haarfarbe wir haben und wie groß unsere Nase ist, ist in unseren Erbanlagen gespeichert. Diese Erbanlagen wiederum sind in den Chromosomen gespeichert, kleinen Knäueln aus Erbsubstanz. Zwei dieser Chromosomen bestimmen darüber, ob wir männlich oder weiblich sind. In ihrer Form ähneln diese Geschlechtschromosomen entweder den Buchstaben X und Y (bei Männern) oder zwei X (bei Frauen).

Kann eine schwangere Frau herausfinden, ob ihr Kind ein Junge oder ein Mädchen wird?

Der Arzt, der die schwangere Frau in der Schwangerschaft betreut, kann mit einem Ultraschallgerät ein Bild des Kindes aufnehmen. Wenn das Kind im Bauch schon etwas älter ist (gegen Ende des 4. Monats), kann er so erkennen, ob es ein Junge oder ein Mädchen wird.

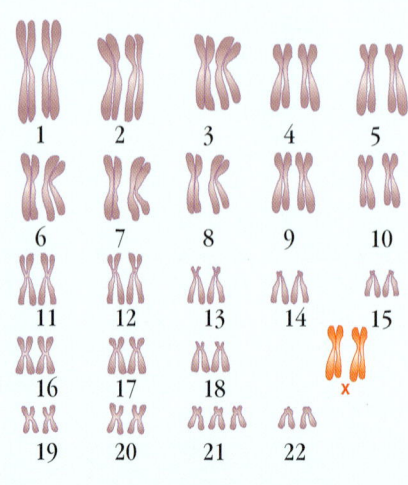

So sieht der Chromosomensatz des Menschen aus. Hier handelt es sich um den einer Frau (wegen der zwei X-Chromosomen)

In unserer Gesellschaft gibt es bestimmte Verhaltensweisen, die wir eher Frauen zuordnen und Verhaltensweisen, die wir eher Männern zuordnen. Dies bezeichnet man als Geschlechterrollen.

Was sind Geschlechterrollen?

Es gibt mehr Jungen als Mädchen, die angeln oder Fußball spielen, und andersherum mehr Mädchen als Jungen, die zum Ballett gehen oder Gymnastik betreiben. Dennoch sind diese Vorlieben gesellschaftlich und nicht biologisch bedingt.

Sind die Geschlechterrollen festgeschrieben?

Nein. Es gibt auch Junge und Mädchen als Zwillingspaar. Allerdings nur bei den zweieiigen Zwillingen, also nur bei Zwillingen, die aus zwei Eizellen hervorgegangen sind.

Haben Zwillinge immer das gleiche Geschlecht?

In den „Märchen aus Tausendundeiner Nacht" hören wir oft von Eunuchen, die die Frauen des Kalifen bewachen. Diesen Männern hat man die Hoden entfernt. Da sie ohne Hoden keine männlichen Geschlechtshormone mehr bilden können, verlieren sich ihre sekundären Geschlechtsmerkmale im Lauf der Zeit.

Was ist ein Eunuch?

Zweieiige Zwillinge sind sich zwar ähnlich, aber nicht „wie ein Ei dem anderen". Sie können sich sowohl nach äußerlichen als auch innerlichen Merkmalen genauso stark unterscheiden wie nicht gleichaltrige Geschwister.

Ganz der Papa? Die äußerlichen Merkmale wie Haar- und Augenfarbe oder Form der Nase werden zwar durch unser Erbgut bestimmt, können aber dennoch stark von denen unserer Eltern abweichen. .

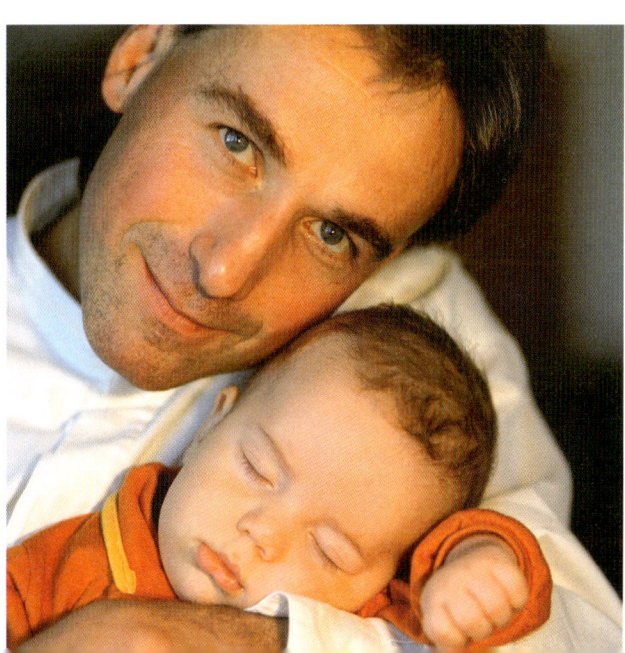

Was ist ein Gen?

Ein Gen ist eine einzelne Erbinformation (z. B. die Augenfarbe). Unsere Gene sind in der DNS (oder DNA) in langen Ketten zusammengefasst. Die DNS-Ketten wiederum bilden die 46 Chromosomen, auf denen alle Erbinformationen eines Menschen gespeichert sind.

Was bedeutet der Begriff „Genetik"?

Die Genetik ist die Wissenschaft, die sich mit den Genen und der Vererbung beschäftigt. Man bezeichnet sie daher auch als Vererbungslehre.

Erben wir mehr Eigenschaften von der Mutter oder vom Vater?

Wir erben sowohl vom Vater als auch von der Mutter jeweils 23 Chromosomen, also jeweils gleich viel. Welche Eigenschaften sich nun gegenüber anderen durchsetzen, bleibt meistens dem Zufall überlassen.

Was ist der genetische Fingerabdruck?

Jeder Mensch trägt in seinem Erbgut eine riesige Menge an Erbinformationen. Diese Informationen sind (mit Ausnahme der von eineiigen Zwillingen) bei jedem Menschen einzigartig. Dies nennt man den „genetischen Fingerabdruck". Der Polizei hilft er, Menschen zu identifizieren und Verbrecher zu überführen.

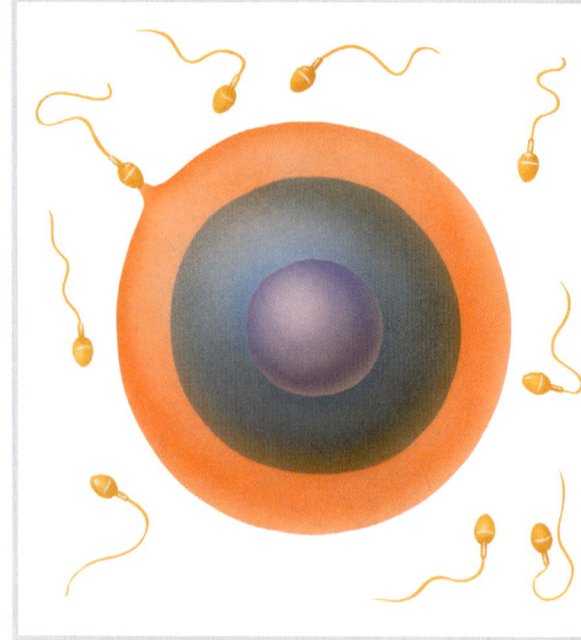

Durch die Befruchtung erhält der Keim die Hälfte des Erbmaterials von der Mutter (Eizelle) und die andere Hälfte vom Vater (Spermium).

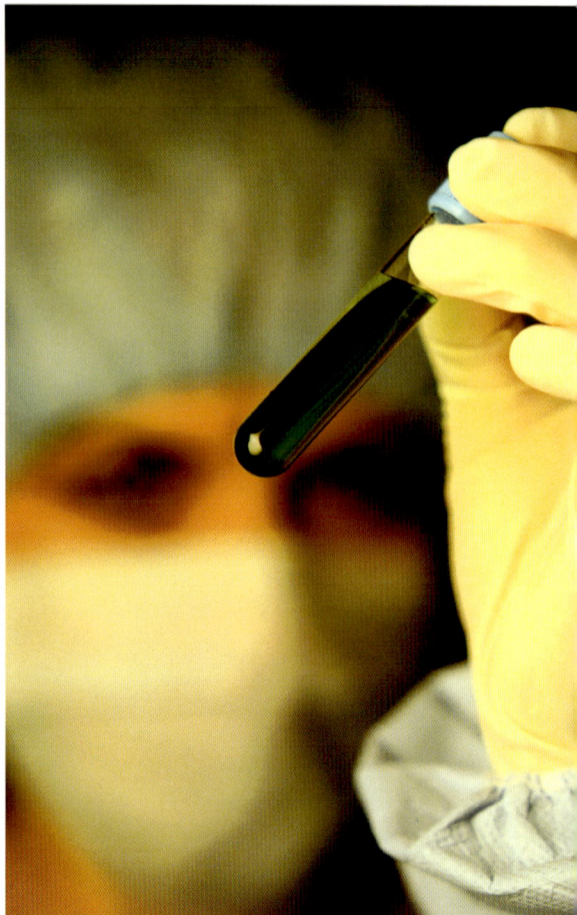

Die Untersuchung des „genetischen Fingerabdrucks" hilft heute manchmal dabei, Verbrechen aufzuklären.

Das Aussehen der Nase erben wir entweder komplett von unserer Mutter oder komplett von unserem Vater. Eine „Vermischung" ist nicht möglich.

Sind Zwillinge absolut gleich?

Man unterscheidet eineiige Zwillinge, die aus einer Eizelle entstanden sind, und zweieiige Zwillinge, die sich getrennt aus zwei Eizellen entwickelt haben. Von ihnen sind nur die eineiigen Zwillinge identisch, da sie genau dieselben Chromosomen geerbt haben.

Können wir auch Krankheiten vererben?

In unseren Genen stecken nicht nur die Informationenen, welche Haar- oder Augenfarbe wir haben, sondern auch, ob wir an bestimmten Krankheiten leiden werden. Solche vererbten Krankheiten nennt man Erbkrankheiten. Zu ihnen gehört z. B. die Farbenblindheit.

Es gibt Eigenschaften, die nur auf den beiden X-Chromosomen gemeinsam vererbt werden. Sehr gut lässt sich das bei gefleckten Katzen beobachten: Die Eigenschaft „dreifarbiges Fell" ist an die X-Geschlechtschromosomen gebunden. Kater, die ja ein XY-Geschlechtschromosom besitzen, können also niemals ein geflecktes Fell aus drei Farben haben.

Das war Johann Gregor Mendel, ein Augustinermönch, der von 1822 bis 1884 lebte. Bei der Kreuzung von rot und weiß blühenden Erbsen fiel ihm auf, dass die Farbverteilung neuer Generationen immer ein bestimmtes Muster aufwies.

Unser Erbgut kann sich an einzelnen Stellen plötzlich verändern und eine neue Eigenschaft hervorbringen. Diese neue Eigenschaft bezeichnet man als Mutation.

Warum gibt es keine dreifarbigen Kater?

Wer entdeckte als Erster, dass die Vererbung Regeln folgt?

Was sind Mutationen?

S I N N E

Das Gehirn des Menschen wird pausenlos mit Informationen über seine Umgebung versorgt. Diese Informationen erhält es von sehr verschiedenen Sinnesorganen. Nur wenn es gut über seine Umwelt informiert ist, kann das Gehirn entsprechend reagieren und dem Körper Befehle erteilen. Das Gehirn benutzt verschiedene Kanäle, Botschaften an die Organe und Muskeln des Körpers zu schicken. So laufen die Befehle über das Hormon- oder das Nervensystem. Die Kommunikation mit seinen Mitmenschen ist dem Menschen sehr wichtig. Die Sprache ist dabei nur ein Gesichtspunkt, denn wir können noch auf andere Art und Weise Signale aussenden.

Warum bezeichnen wir das Gehirn auch als „Schaltzentrale des Körpers"?

Das Gehirn wird deswegen auch als „Schaltzentrale" bezeichnet, weil die meisten Vorgänge in unserem Körper vom Gehirn über Nervenimpulse und Botenstoffe gesteuert werden. Es besteht aus vielen Nervenzellen, die wie in einem komplizierten Schaltschrank miteinander verknüpft sind.

Wie sind Gehirn und Muskeln verbunden?

Die Verbindung von Gehirn und Muskeln besteht aus Nerven, die Signale übermitteln können. Die Nerven verlaufen aus dem Gehirn in das Rückenmark und von dort zu den Muskeln im Körper.

Wie hält das Gehirn im Schädel?

Damit das Gehirn nicht bei Bewegungen ständig von innen gegen seine harte Knochenkapsel schlägt, ist es an allen Seiten im Schädel aufgehängt. Außerdem schwimmt das Gehirn in einer Flüssigkeit (dem so genannten Liquor).

Welche Gehirnabschnitte kennen wir?

Die Gehirnabschnitte sind: das Nachhirn, das Hinterhirn, die Brücke, das Kleinhirn, das Mittelhirn, das Zwischenhirn und das Großhirn.

Was sind die Hirnhäute und welche gibt es?

Die harte Hirnhaut kleidet den Schädel von innen aus. Die weiche Hirnhaut umgibt das Gehirn. Zwischen ihnen liegt die Spinngewebshaut, die als Aufhängung des Gehirns im Schädel dient.

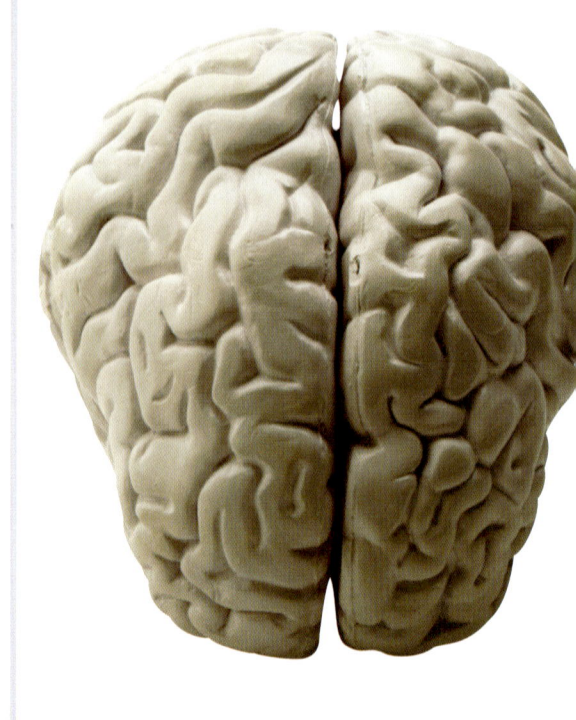

Modell eines menschlichen Gehirns mit den beiden Hälften.

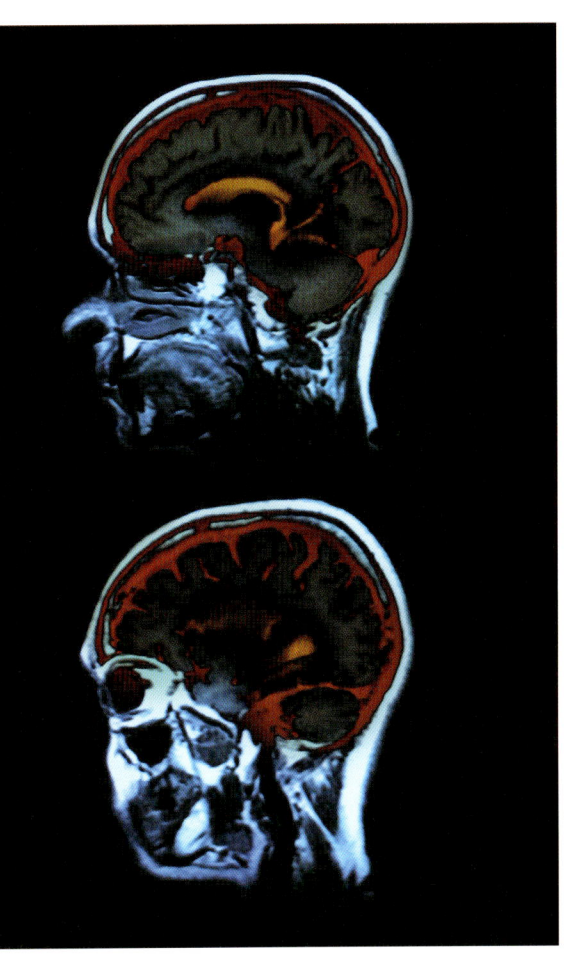

Die Röntgenbilder zeigen das Gehirn im Querschnitt: unten eine Aufnahme, bei der der Schnitt durch die Augenhöhle verläuft, oben durch die Gesichtsmitte. Durch die Einfärbung mit einem Kontrastmittel sind die verschiedenen Strukturen des Gehirns gut erkennbar.

In unserem Gehirn laufen ohne Unterbrechung viele Informationen zwischen einzelnen Gehirnabschnitten hin und her. Auch wenn wir schlafen, ist dies der Fall. Diese Informationen sind kleine elektrische Impulse, die von Nervenzelle zu Nervenzelle springen. Mit einem Messgerät kann man diese Impulse sichtbar machen und aufzeichnen. Diese Aufzeichnung nennt man EEG (Elektroenzephalogramm).

Was ist ein EEG?

Das Bewusstsein ist die Fähigkeit, unsere Umwelt wahrzunehmen und mit ihr in Kontakt zu treten. Es ist eng mit dem Gehirn verbunden. Welche Vorgänge im Gehirn zum Bewusstsein führen, ist bisher noch nicht vollständig erforscht.

Was ist das Bewusstsein?

Ein Koma ist der Zustand völliger Bewusstlosigkeit. Menschen, die im Koma liegen, können ihre Umwelt nicht mehr wahrnehmen und nicht mehr mit anderen Menschen in Kontakt treten. Die Ursache ist häufig ein Unfall, bei dem das Gehirn geschädigt wurde. Aber auch Giftstoffe im Körper können ein Koma auslösen. Nicht jeder Patient wacht wieder aus dem Koma auf.

Was bezeichnen wir als „Koma"?

Unser Gehirn ist ein wahrer Energiefresser. Obwohl es im Verhältnis zu unserem übrigen Körper doch relativ klein ist, benötigt es etwa ein Viertel der gesamten Energie, die wir täglich zu uns nehmen. Neben der Energiezufuhr ist auch die Sauerstoffzufuhr für das Gehirn sehr wichtig.

Wie viel Energie benötigt unser Gehirn?

Vereinfachend kann man sagen, dass Bewegungen, die wir neu erlernen (z. B. die ersten Schritte auf Schlittschuhen) zunächst von unserem Großhirn aus gesteuert werden. Beherrschen wir jedoch einen Bewegungsablauf und können ihn, ohne darüber nachzudenken, ausführen, wird er vom Kleinhirn gesteuert.

In welchem Gehirnabschnitt werden unsere Bewegungen gesteuert?

Was ist ein Hormon und wo wird es produziert?

Ein Hormon ist ein Botenstoff. Im Körper gibt es sehr viele Zellen und Organe, die Hormone produzieren. Die bekanntesten Hormondrüsen sind die Schilddrüse, die Nebenniere, die Hoden und die Eierstöcke. Die Hormone gelangen meist über den Blutkreislauf an andere Stellen in unserem Körper, wo sie eine bestimmte Reaktion auslösen.

Wirken Hormone langsam oder schnell?

Hormone wirken viel langsamer als Nervenimpulse. Bis ein Hormon von seiner Produktionsstätte in den Blutkreislauf geht, im Körper verteilt wird und an seinem Ziel ankommt, vergeht einige Zeit.

Wirken Hormone auf unsere Stimmung?

Eine wichtige Steuerungszentrale der Hormonproduktion liegt im Gehirn ganz nah bei dem Zentrum, das unsere Stimmung beeinflusst. Daher gibt es immer wieder Wechselwirkungen zwischen Hormonen und unserer Stimmung.

Was bewirkt das Wachstumshormon?

Das Wachstumshormon wird in der Hirnanhangsdrüse gebildet. Durch seine Wirkung wird in der Zelle die Verarbeitung von Nährstoffen beschleunigt und die Teilung der Zellen angeregt. Die Folge davon ist, dass wir wachsen.

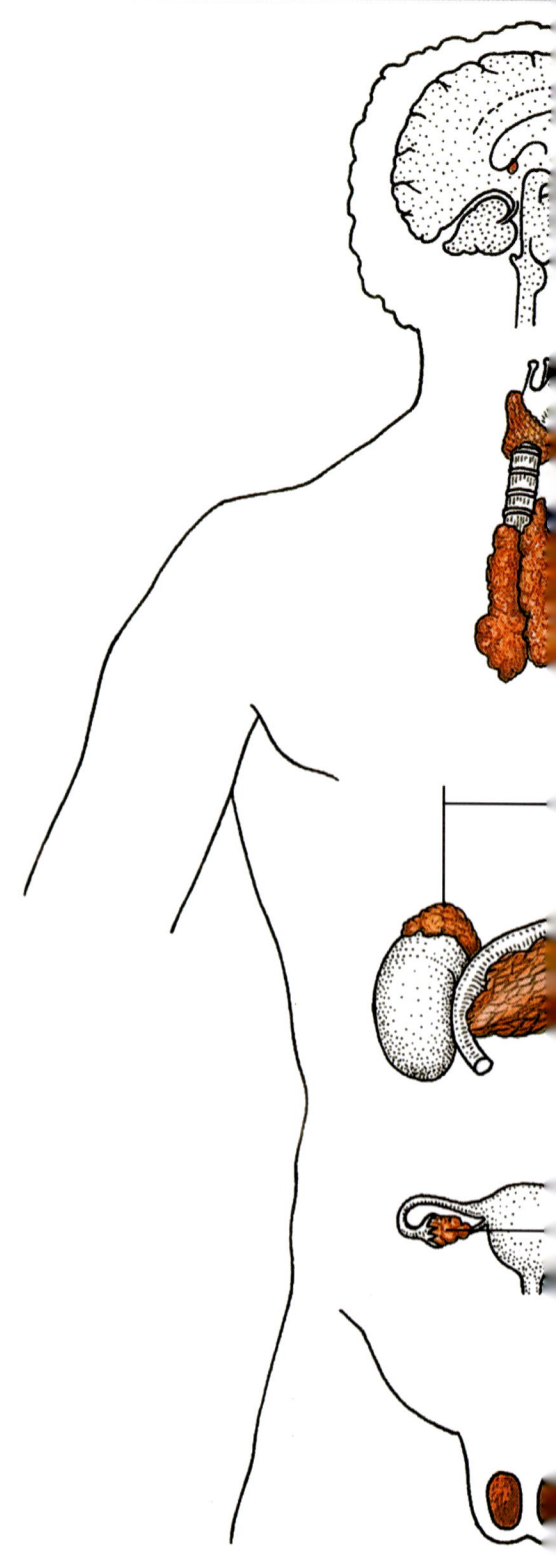

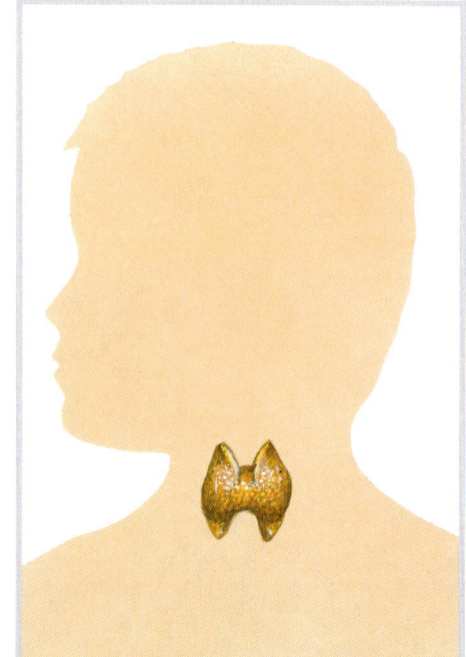

Die Schilddrüse ist ungefähr so geformt wie ein Schmetterling und liegt etwa im unteren Drittel unseres Halses. Störungen der Funktion der Schilddrüse können sehr unterschiedliche Beschwerden auslösen.

A. Hirnanhangs-
drüse

B. Schilddrüse

C. Nebennieren

D. Bauchspeichel-
drüse

E. Eierstöcke

F. Hoden

Wichtige Hormondrüsen: A. Hirnanhangsdrüse; B. Schilddrüse; C. Nebennieren; D. Bauchspeicheldrüse; E. Eierstöcke; F. Hoden. Anders als in der Zeichnung kommen Eierstöcke und Hoden nicht gemeinsam vor: Frauen haben Eierstöcke, Männer Hoden.

Anabolika sind Hormone, die den Körper anregen, Muskeln zu bilden. Manche Sportler wollen durch die zusätzliche Einnahme künstlicher Anabolika das Wachstum von noch mehr Muskeln herbeiführen. Im Sport ist dies offiziell verboten. Durch bestimmte Tests kann ein Anabolikamissbrauch nachgewiesen werden.

Warum nehmen manche Sportler Anabolika?

Adrenalin ist ein Hormon der Nebenniere. Es wird immer dann von der Nebenniere ausgeschüttet, wenn wir im Stress sind. So ein Schub kann z.B. Herzklopfen, tiefere Atmung, Durchfall, vermehrtes Schwitzen und eine Verminderung des Schmerzempfindens bewirken.

Was bewirkt ein „Adrenalinschub"?

Insulin wird in der Bauchspeicheldrüse gebildet. Es fördert die Aufnahme des Blutzuckers in die Zellen. Den Mangel an Insulin bezeichnet man als „Zuckerkrankheit" oder „Diabetes mellitus". Zuckerkranke müssen sich daher Insulin spritzen.

Was passiert, wenn das Hormon Insulin fehlt?

Der knöcherne "Türkensattel" liegt im unteren Teil des Schädelknochens (in der Schädelbasis). Durch seine Form schützt er die Hirnanhangsdrüse, eine wichtige Hormondrüse.

Wo liegt der „Türkensattel"?

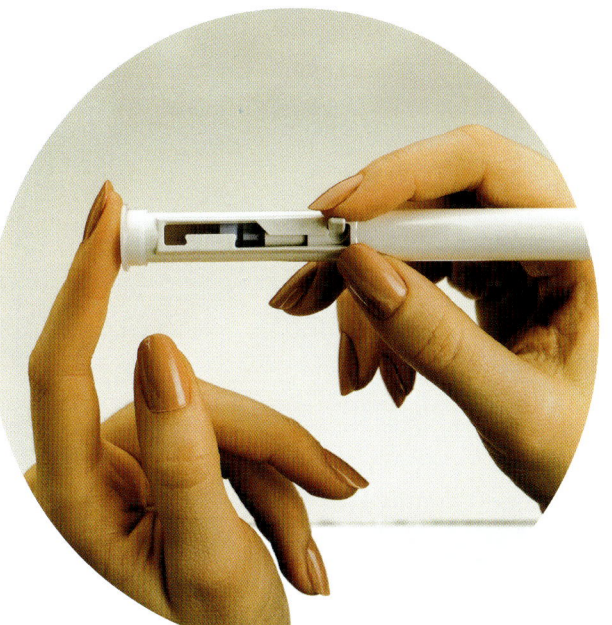

Für Diabetiker gibt es so genannte „Pens", mit denen sie sich Insulin leicht selbst spritzen können.

Wie wird das Nervensystem eingeteilt?

Man spricht von dem zentralen Nervensystem (mit dem Gehirn und dem Rückenmark als „Schaltzentralen") und dem peripheren Nervensystem (mit den vom Gehirn und Rückenmark entfernt liegenden einzelnen Nerven).

Kann man das Nervensystem mit einer Computeranlage vergleichen?

Man kann das Nervensystem gut mit einer Computeranlage vergleichen. Es gibt Sensoren (die Sinnesorgane), Ein- und Ausgänge (die Nervenleitungen), ein ganzes Netzwerk von Computern (einzelne Abschnitte im Rückenmark) und einen zentralen Großrechner (das Gehirn).

Was sind die Aufgaben des Nervensystems?

Das Nervensystem nimmt Informationen aus der Umwelt auf (durch die Sinne), verarbeitet diese Informationen im Gehirn oder Rückenmark und gibt entsprechende Befehle als Reaktion weiter.

Was ist ein Nerv?

Ein Nerv sind gebündelte einzelne Nervenzellen. Es gibt zwei Arten von Nerven: solche, die Informationen zum zentralen Nervensystem leiten, und solche, die sie davon wegführen. In der Sprache der Medizin werden Nerven häufig durch ein „N." abgekürzt (z. B. „N. ischiadicus" = Ischiasnerv).

Aufbau einer Nervenzelle: A. Neurit, B. Zellkörper, C. Zellkern, D. Dendrit, E. Axon, F. Markscheide, G. Schwannsche Scheide, H. Muskelzelle, I. Endplatte.

Dieser „gläserne Kopf" zeigt deutlich die enge Verbindung zwischen dem Gehirn und dem Rückenmark, das im Wirbelkanal liegt.

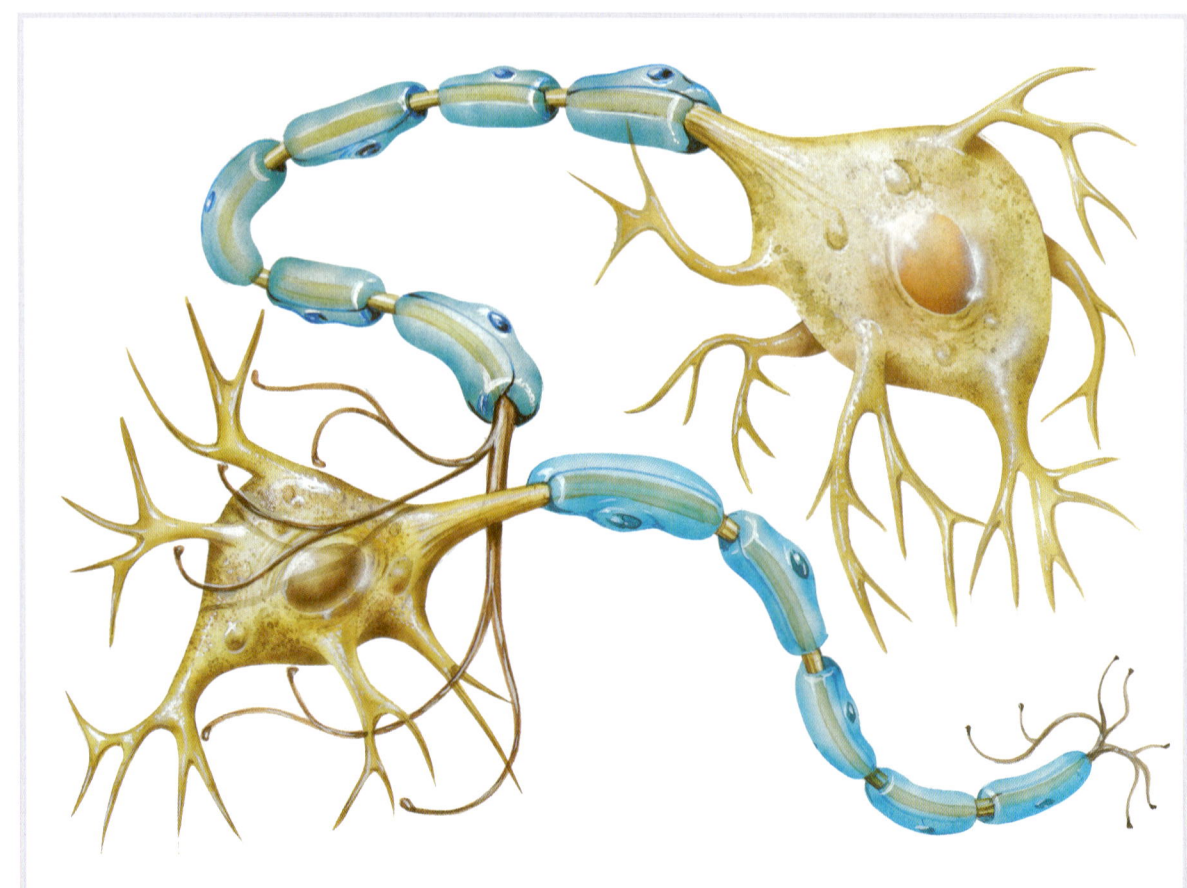

Nervenzellen haben mehrere Fortsätze (Dendriten) und einen Hauptfortsatz , den Achsenzylinder (blau).

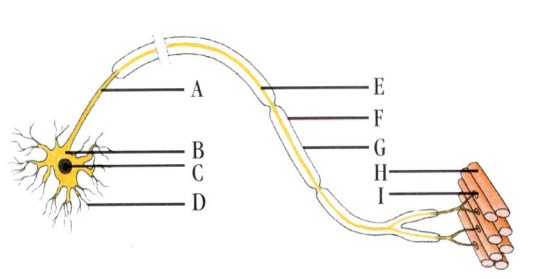

Nervenimpulse sind sehr schnell. Sie schießen richtiggehend durch die Nervenbahnen. So können Befehle zu den Muskeln eine Geschwindigkeit von 120 Meter in der Sekunde erreichen.

Im Rückenmark werden die Nerven, die aus dem Körper kommen, gebündelt und an das Gehirn weitergeleitet. Gleichzeitig laufen fast alle Nerven, die aus dem Gehirn kommen, zunächst in das Rückenmark. Von hier gehen sie in die entsprechenden Körperregionen ab.

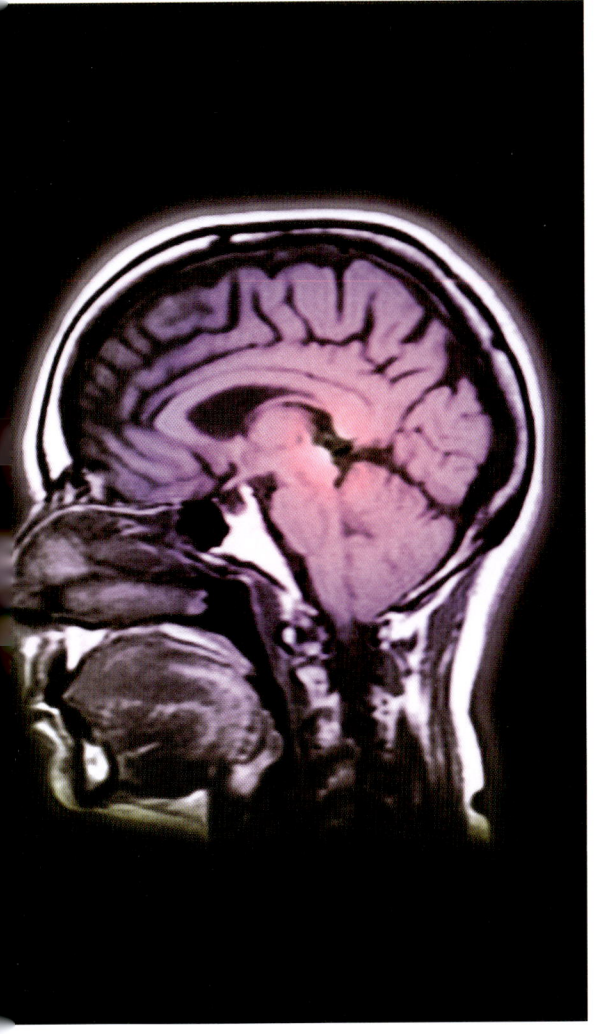

Manchmal kommt es durch einen Unfall oder eine Krankheit zu einer Durchtrennung des Rückenmarks. Dann können Informationen nicht mehr von den Gliedmaßen zum Gehirn gelangen und nicht mehr vom Gehirn zu den Gliedmaßen. Diese Patienten sind „querschnittgelähmt". Das durchtrennte Rückenmark wächst leider nicht mehr zusammen. Die Wissenschaft forscht jedoch auch auf diesem Gebiet sehr intensiv.

Sicher hast du dir schon einmal den Ellbogen angeschlagen und als Folge einen starken kribbelnden Schmerz im Arm verspürt. Dabei hast du einen Nerv gereizt, der am Ellbogen direkt über einem Knochen (nämlich dem „Musikantenknochen") läuft.

Du hast sicherlich schon einmal davon gehört, dass jemand einen „Hexenschuss" hat. Mit schießenden Hexen hat dies jedoch nichts zu tun. Bei einem Hexenschuss ist der Ischiasnerv, der vom Rücken in das Bein läuft, eingeklemmt und verursacht sehr starke Schmerzen. Das passiert oft ganz plötzlich während einer ungeschickten Bewegung: Man bückt sich und kann sich nicht mehr aufrichten. Eben so, als ob man von einer Hexe angeschossen worden wäre.

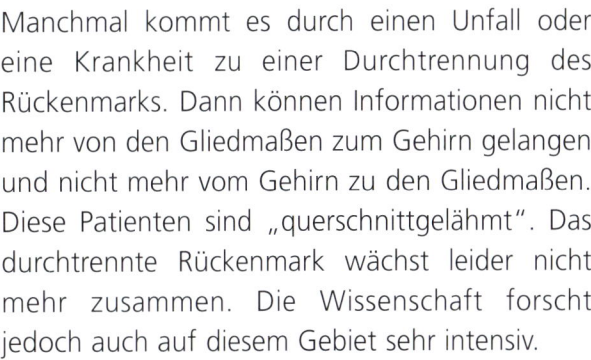

Wie ist das Auge aufgebaut?

Von außen nach innen finden wir am Auge: die Hornhaut, die vordere Augenkammer, die farbige Regenbogenhaut (auch Iris genannt), die Linse, den so genannten Glaskörper aus einer gallertigen Substanz und hinten die Netzhaut.

Wie funktioniert die Netzhaut?

Die Netzhaut ist am Auge die Schicht mit den lichtempfindlichen Zellen. Ohne Netzhaut könnten wir nicht sehen. In der Netzhaut gibt es Zellen („Stäbchen" und „Zapfen"), die einfallendes Licht registrieren und eine Nachricht an das Gehirn senden. Die Stäbchen sind für die Unterscheidung von hell und dunkel verantwortlich, die Zapfen für das Erkennen von Farben.

Warum sind nachts alle Katzen grau?

Die Stäbchen sind viel lichtempfindlicher als die Zapfen. Bei ganz schwacher Beleuchtung reicht für die Zapfen das vorhandene Licht nicht mehr aus, und sie können keine Bilder mehr an das Gehirn liefern. Da die Stäbchen jedoch ihre schwarz-weißen Bilder weiterhin an das Gehirn schicken können, sehen wir bei wenig Licht eben nicht farbig, sondern schwarz-weiß. Daher sind nachts alle Katzen grau (und nicht farbig).

Warum blinzeln wir ständig?

Beim Blinzeln verteilen unsere Augenlider einen dünnen Flüssigkeitsfilm über der Augenhornhaut. Dies ist wichtig, da ansonsten die Hornhaut austrocknet und trübe wird. Wir würden dann wie durch eine Milchglasscheibe sehen.

Was ist „Schielen"?

Die Augen werden durch Muskeln in den Augenhöhlen gehalten. Normalerweise sind die Muskeln so eingestellt, dass beide Augen immer genau in dieselbe Richtung schauen. Ist ein Muskel an einem Auge etwas zu kurz, geht der Blick in eine andere Richtung. Das bezeichnen wir als „Schielen". Es gibt verschiedene Möglichkeiten, das Schielen zu behandeln.

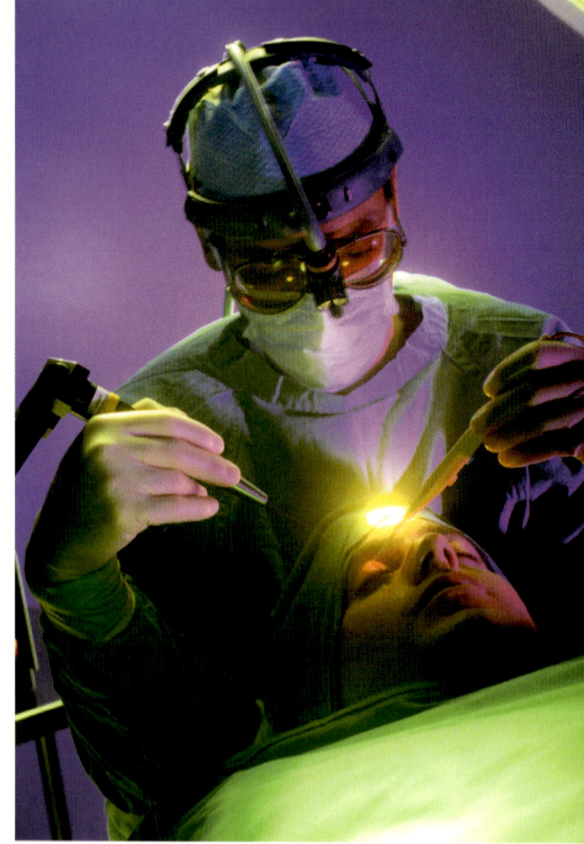

Augenoperationen werden heute oft mit der modernen Lasertechnik durchgeführt.

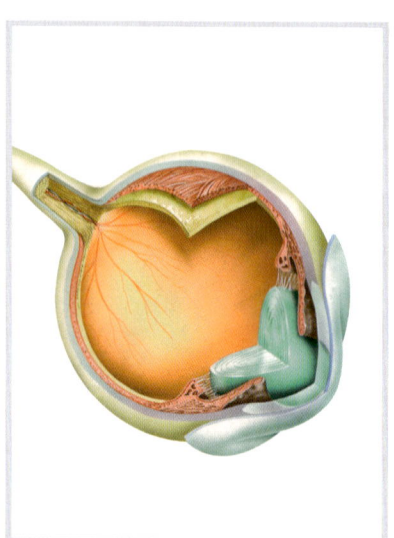

Der Augapfel baut sich auf aus der äußeren Hornhaut, vorderer und hinterer Augenkammer, der Iris, der Linse (türkis), dem Glaskörperraum (orange) und der Verengung (links oben), durch die der Sehnerv und Blutgefäße führen.

Unser Sehvermögen ist einer unserer wichtigsten Sinne. Die Informationsmenge, die wir über die Augen aufnehmen, ist ausgesprochen groß. Die anderen Sinnesorgane treten daher manchmal etwas in den Hintergrund. Wir bemerken dies, wenn uns die Augen verbunden werden: Plötzlich nehmen wir z. B. leise Geräusche wahr, die uns zuvor nicht auffielen.Wie bei einigen anderen Sinnesorganen lässt auch die Sehkraft mit fortschreitendem Alter nach.

Das auf das Auge treffende Licht wird durch die Augenlinse gebündelt und in ihrem Brennpunkt als scharfes Bild auf der Netzhaut abgebildet. Bei manchen Menschen ist der Augapfel zu lang, so dass der Brennpunkt der Linse nicht auf der Netzhaut liegt, sondern etwas davor. Diese Menschen sind kurzsichtig. Ist der Augapfel zu kurz, liegt der Linsenbrennpunkt hinter der Netzhaut. Diese Menschen sind weitsichtig. Beide Sehfehler kann man mit einer Brille korrigieren.

Was ist der Unterschied zwischen Weit- und Kurzsichtigkeit?

Grundsätzlich sehen alle Menschen dieselben Farben. Es gibt jedoch eine angeborene Krankheit, bei der die betroffenen Menschen die Farben Rot und Grün nicht erkennen können. Diese Erkrankung heißt Rotgrünblindheit.

Sehen alle Menschen dieselben Farben?

Das Auge reguliert mit der Größe der Pupillen die Menge des Lichts, das in die Augen fällt. Ist es sehr hell, fällt auch viel Licht in das Auge, und die Pupillen verengen sich. In der Dämmerung trifft wenig Licht auf das Auge, die Pupillen werden erweitert und lassen so mehr Licht in das Auge.

Weshalb sind die Pupillen manchmal groß und manchmal klein?

Die von der Zwiebel ausgehenden scharfen Dämpfe reizen unser Auge. Damit diese Stoffe schnell wieder vom Auge abgespült werden, produzieren die Tränendrüsen sehr viel Spülflüssigkeit: Das Weinen hat hier eine Schutzfunktion.

Warum „weinen" wir beim Zwiebelschneiden?

Je nachdem, ob wir einen Gegenstand in der Ferne oder in der Nähe anschauen möchten, muss sich die Linse im Auge verändern. Die Linse ist an kleinen Fäden rundherum an einem Muskel aufgehängt. Wird dieser Muskel schlaff, spannen sich die Fäden, und die Linse wird flacher (scharfes Sehen in die Ferne). Spannt sich der Muskel, erschlaffen die Fäden, und die Linse wird dicker (scharfes Sehen in der Nähe).

Wie stellen wir unseren Blick scharf?

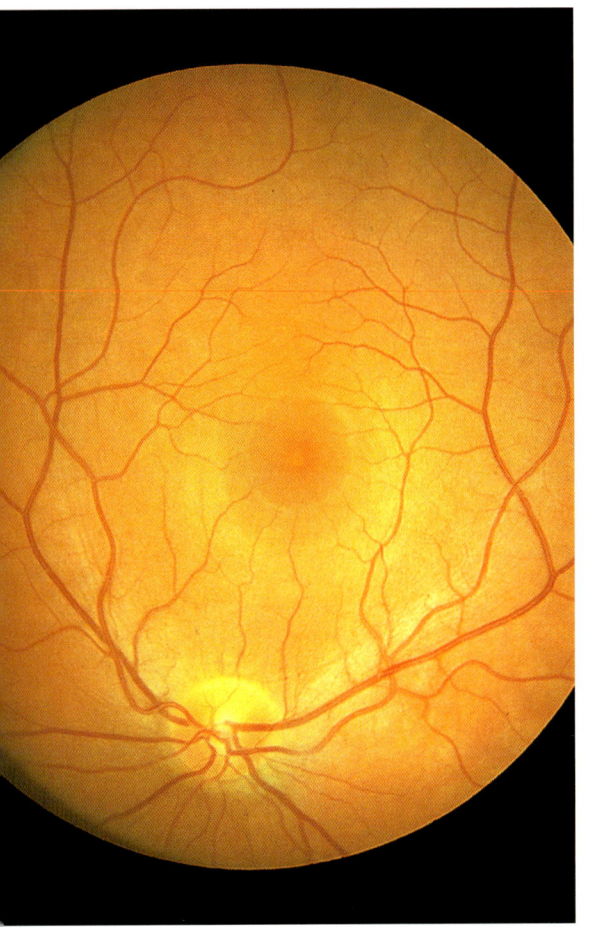

Blick durch die Pupille auf die von Blutgefäßen durchzogene Netzhaut.

Was können wir mit unserer Nase wahrnehmen?

Die Nase ist unser Riechorgan. Das heißt, dass wir mit ihr Geruchsstoffe bemerken, die sich in der Luft befinden. Dieses Sinnesorgan ist bei Menschen relativ schwach ausgebildet. Viele Tiere können wesentlich besser riechen als wir. Aber auch bei uns Menschen gibt es Unterschiede: Manche können sehr gut riechen und manche sehr schlecht.

Was gehört alles zur Nase?

Wenn wir in den Spiegel schauen, sehen wir nur die äußere Nase. Diese äußere Nase ist in den rechten und den linken Nasenflügel mit der Nasenscheidewand dazwischen unterteilt. Hinter der äußeren Nase folgen die rechte und die linke Nasenhöhle. Dieser von außen nicht sichtbare Teil der Nase ist viel größer als der sichtbare.

Was sind die Nasennebenhöhlen?

Außer der äußeren Nase und den beiden Nasenhöhlen gibt es noch um die Nase herum im Gesichtsschädel 4 kleinere Hohlräume: die so genannten Nasennebenhöhlen. Manchmal, bei einer Erkältung, verstopfen die feinen Verbindungsgänge dieser Höhlen zur Nase hin. Das Sekret staut sich dann in den Hohlräumen, was uns starke Schmerzen bereiten kann.

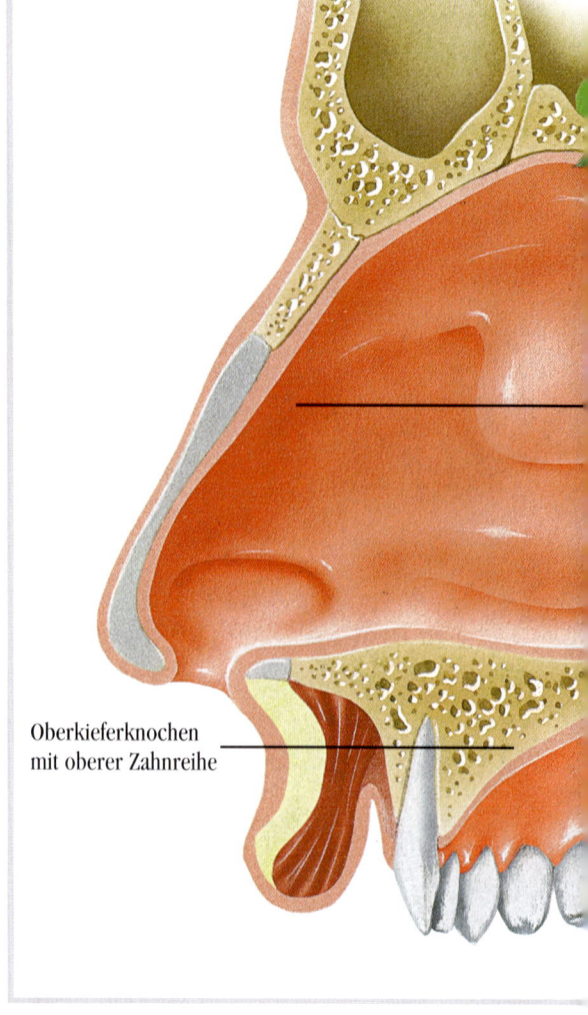

Oberkieferknochen
mit oberer Zahnreihe

Schnupfenwetter: Bei Regen, Wind und Kälte sind wir besonders anfällig für Infektionen der Atemwege, die meist mit einem Schnupfen beginnen.

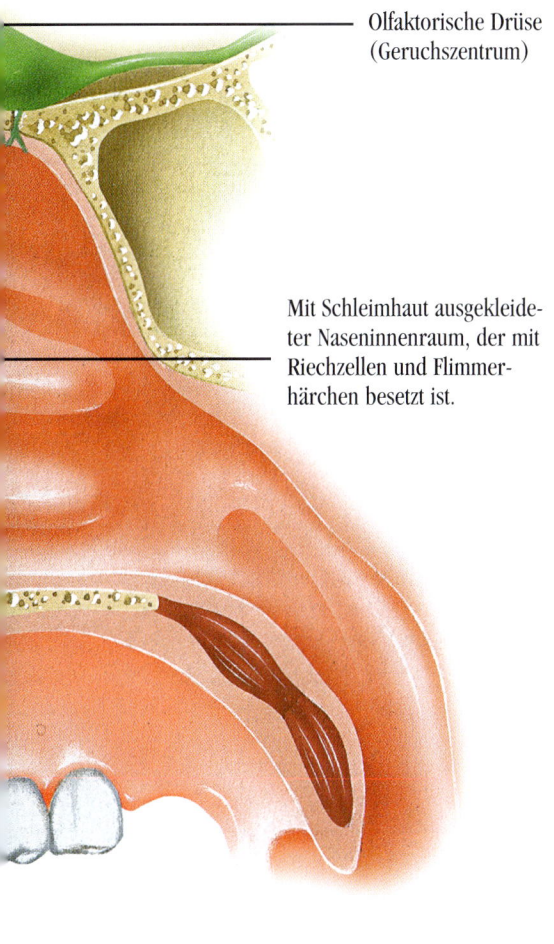

Olfaktorische Drüse
(Geruchszentrum)

Mit Schleimhaut ausgekleideter Naseninnenraum, der mit Riechzellen und Flimmerhärchen besetzt ist.

Querschnitt durch die Nase.

In der Schleimhaut der Nase gibt es 3 wichtige Zellarten: die Riechzellen, die Becherzellen und die Flimmerzellen. Die Riechzellen geben eine Meldung an das Gehirn weiter, wenn sie einen bestimmten Geruchsstoff wahrnehmen. Die Becherzellen produzieren Flüssigkeit, die die Geruchsstoffe und Fremdkörper wieder aus der Nase entfernen. Die Flimmerzellen können mit ihren feinen Härchen kleine Fremdkörper (z. B. Staubkörner) zum Nasenloch transportieren.

Welche wichtigen Zellen gibt es in der Nase?

Die Schleimhaut der Nase ist sehr stark von Blutgefäßen durchzogen. Bei einer Erkältung geben diese Blutgefäße viel Flüssigkeit in das Gewebe ab. Dadurch schwillt die Schleimhaut immer an, die Nasenhöhlen werden immer enger und lassen schließlich überhaupt keine Luft mehr durch.

Warum können wir bei einer Erkältung nicht mehr durch die Nase atmen?

Bei manchen Menschen reicht manchmal schon ein Niesen, und das Blut tropft aus der Nase heraus. In unserer Nase gibt es auf der Nasenscheidewand eine Stelle, die stark durchblutet ist und an der die Gefäße nahe an der Oberfläche liegen und schnell platzen können. Diese Stelle heißt nach ihrem Entdecker Kiesselbach-Fleck.

Weshalb blutet man aus der Nase?

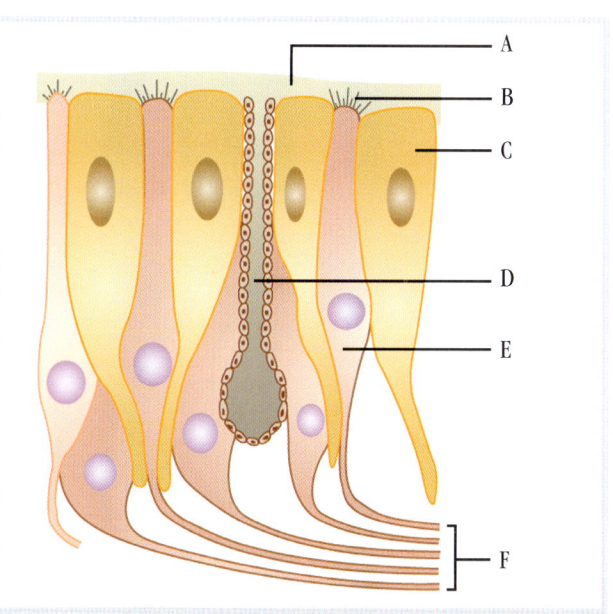

Riechschleimhaut: A. Schleimschicht, B. Riechhärchen, C. Stützzelle, D. Becherzelle, E. Riechzelle, F. Riechnerven.

A
B
C
D
E
F

Was haben ein Hammer, ein Amboss und ein Steigbügel im Ohr zu suchen?

So heißen die drei kleinen Gehörknöchelchen nach ihrer Form. Vom Trommelfell werden die Schwingungen zunächst auf den Hammer, von da auf den Amboss und schließlich auf den Steigbügel übertragen, der die Information an das Innenohr weitergibt.

Was ist das Trommelfell?

Das Trommelfell ist ein dünnes Häutchen in unserem Ohr, das die Schallwellen der Luft aufnimmt, in Schwingungen umwandelt und auf die Gehörknöchelchen überträgt. Das Trommelfell trennt das äußere Ohr vom Mittelohr.

Was hat das Gleichgewicht mit dem Ohr zu tun?

Egal ob wir gehen, sitzen oder liegen, aus einem Organ in unserem Innenohr gehen ständig Informationen über unsere Körperlage an das Gehirn. Sobald sich unser Körper nicht mehr im Gleichgewicht befindet, gibt das Gehirn den Befehl, eine ausgleichende Bewegung zu machen.

Warum hören wir im Alter schlechter?

Unser Gehör lässt mit zunehmendem Alter nach, weil die Schwingungsfähigkeit des Trommelfells abnimmt und die Verbindungen der Gehörknöchelchen steifer werden.

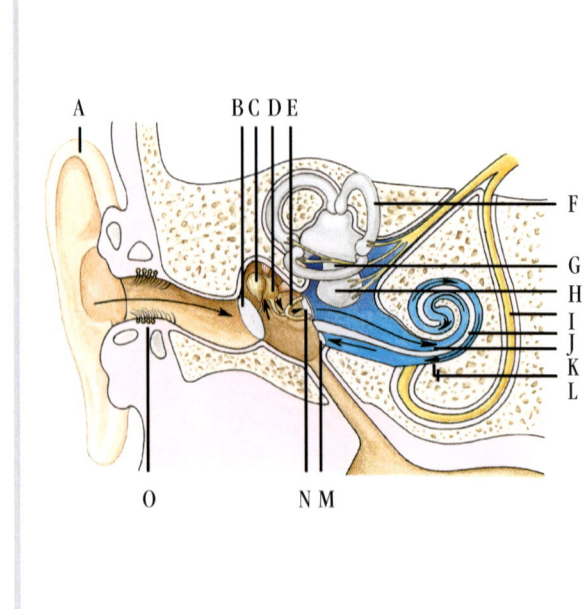

Ohr: A. Ohrmuschel; B. Trommelfell; C. Hammer; D. Amboss; E. Steigbügel; F. Bogengänge; G. und H. großes und kleines Vorhofsäckchen; I. Hörnerv; J. Schnecke; K. Vorhoftreppe; L. Schneckengang; M. rundes Fenster; N. ovales Fenster; O. Ohrenschmalzdrüsen.

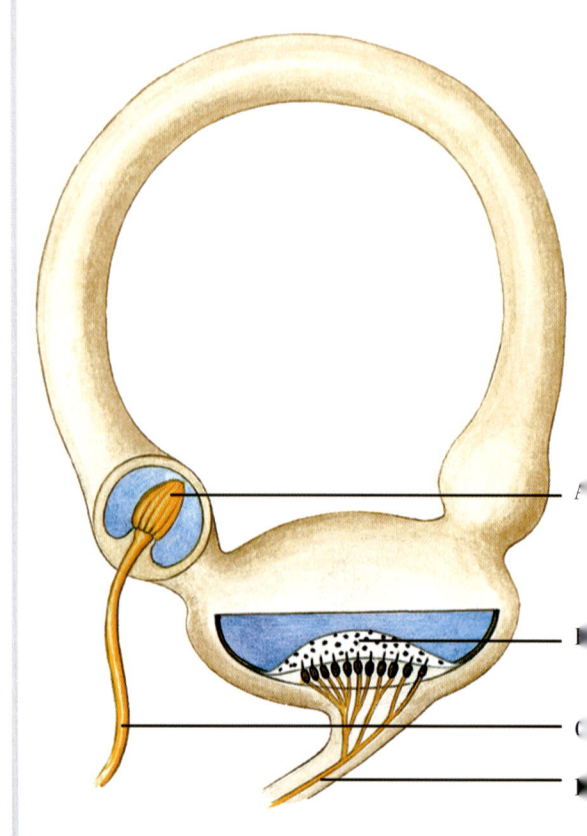

Das Gleichgewichtsorgan im Innenohr: A. Drehsinn, B. Gleichgewichtssinn, C. und D. Nerven.

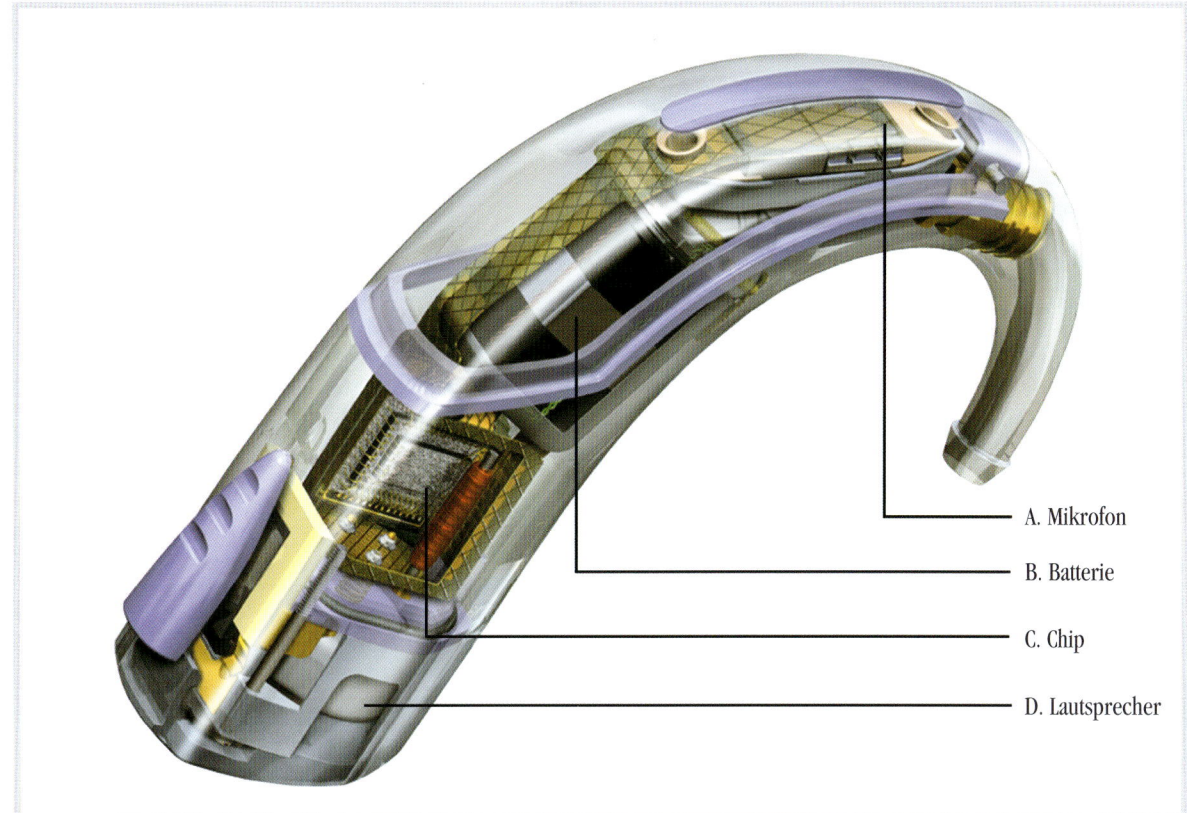

A. Mikrofon

B. Batterie

C. Chip

D. Lautsprecher

Nahezu jeder sechste Deutsche – darunter viele Jugendliche – besitzt ein eingeschränktes Hörvermögen, doch nur jeder sechzigste sucht frühzeitig einen Facharzt auf.

Werden wir durch zu viel Lärm schwerhörig?

Auch ständiger Lärm macht das Trommelfell und die Gehörknöchelchen mit der Zeit unempfindlich für leise Töne. Daher ist es vorgeschrieben, bei besonders lauten Tätigkeiten (z. B. bei der Arbeit mit einem Presslufthammer) einen Gehörschutz zu tragen.

Woher kommt der Begriff „Schlitzohr"?

Im Mittelalter machte man mit neugierigen Leuten, die man beim Lauschen erwischte, kurzen Prozess: Man nagelte sie einfach mit dem Ohr für einige Zeit an die Tür. Eine Person mit einem Loch im Ohr bezeichnete man dann als „Schlitzohr".

Gehörlose Menschen unterhalten sich untereinander mit der so genannten Gebärdensprache. Dabei machen sie mit der Hand und den Fingern festgelegte Zeichen, die eine bestimmte Bedeutung haben. Viele Gehörlose können auch von den Lippen ablesen.

Vielleicht hast du schon einmal beobachtet, wie Tiere zum besseren Hören ihre Ohren ausrichten können. Vor Urzeiten war dies auch uns Menschen noch möglich. Bei manchen Menschen haben sich Reste dieser Fähigkeit erhalten: Sie können mit den Ohren wackeln.

Von einem Hörsturz Betroffene hören plötzlich viel schlechter, und es ist ihnen schwindelig. Häufige Ursachen sind Durchblutungsstörungen im Innenohr. Um dauerhafte Hörschäden zu verhindern, sollte sofort ein Arzt aufgesucht werden.

Wie unterhalten sich Gehörlose?

Warum können manche Menschen mit den Ohren wackeln?

Was ist ein Hörsturz?

Wie schmecken wir mit der Zunge?

Auf unserer Zungen befinden sich Sinneszellen, die auf bestimmte chemische Reize reagieren. Diese Sinneszellen sind die so genannten Geschmacksknospen. Sie melden uns, ob etwas süß, salzig, sauer oder bitter schmeckt.

Warum schmecken wir überhaupt etwas?

Der Geschmackssinn dient unserem Schutz. Die Nahrung und die Flüssigkeit, die wir zu uns nehmen, werden von ihm genau untersucht. Ist etwas dabei, das uns Schaden zufügen könnte, spucken wir sofort aus.

Lassen sich Geschmacks- und Geruchssinn voneinander trennen?

Der Geschmackssinn und der Geruchssinn sind eng miteinander verknüpft und haben eine ähnliche Aufgabe. Wir merken dies immer dann, wenn wir starken Schnupfen haben und nicht mehr riechen können. Ohne Geruch schmecken wir nichts mehr, und das Essen erscheint uns immer gleich fade.

Kann der Geschmackssinn geprüft werden?

Um bei einer Störung den Geschmackssinn zu prüfen werden Tropfen saurer, salziger, süßer und bitterer Flüssigkeit auf die Zunge gegeben. Der Patient muss dann angeben, was er schmeckt.

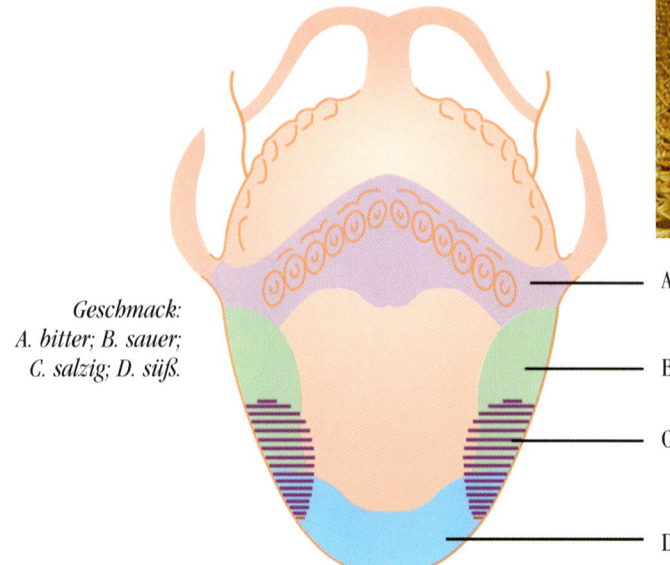

Geschmack:
A. bitter; B. sauer;
C. salzig; D. süß.

A

B

C

D

Wenn Menschen etwas wahrnehmen, das es nicht gibt, spricht man von Halluzinationen. Hierzu zählen auch Geschmackshalluzinationen. Die betroffenen Menschen schmecken z. B. Zitrone, obwohl sie nichts Entsprechendes gegessen oder getrunken haben.

Was sind Geschmackshalluzinationen?

Der Speichel hat mehrere Aufgaben: Durch den Speichel können wir die Nahrung besser kauen und hinunterschlucken; er enthält Verdauungsstoffe, die Kohlenhydrate aufspalten, und er macht die Mundhöhle von Nahrungsresten frei.

Wozu ist der Speichel gut?

Die großen Speicheldrüsen im Mund (Ohrspeicheldrüse, Unterzungendrüse und Unterkieferdrüse) produzieren zusammen etwa 1 bis 1,5 Liter Speichel jeden Tag.

Wie viel Speichel wird jeden Tag produziert?

Wenn wir etwas Leckeres sehen oder daran denken befiehlt unser Gehirn den Speicheldrüsen, mehr Speichel zu produzieren, um die Nahrungsaufnahme entsprechend vorzubereiten. Essen wir trockene Kekse ist der Speichel eher dünnflüssig, ist die zugeführte Nahrung mehr flüssig, wird ein dickflüssiger Speichel abgegeben.

Ist der Speichel immer gleich?

Der Geschmackssinn ist der am wenigsten ausgebildete der menschlichen Sinne. Zieht man in Betracht, dass nur fünf Geschmacksqualitäten unterschieden werden können, ist es erstaunlich, welch hoher Stellenwert einer leckeren Mahlzeit zugestanden wird.

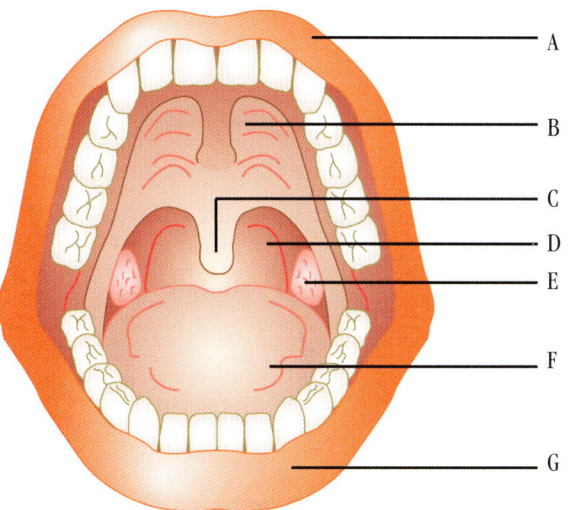

Mund: A. Oberlippe; B. Gaumen; C. Zäpfchen; D. Rachen; E. Rachenmandel; F. Zunge; G. Unterlippe.

Was ist Intelligenz?

Intelligenz setzt sich aus mehreren Komponenten zusammen. Genannt werden z. B. Lernfähigkeit, Denkgeschwindigkeit, Gedächtnis, räumliches Vorstellungsvermögen und Fähigkeit zur Lösung von Problemen.

Verändert sich die Intelligenz im Laufe des Lebens?

Bis zu einem Alter von etwa 25 Jahren nimmt die menschliche Intelligenz stetig zu. Das dann erreichte Niveau der Intelligenz bleibt bis zu einem Alter von etwa 40 Jahren bestehen. Danach nimmt es langsam wieder ab.

Welche Formen von Intelligenz kennt man?

Es gibt die „rationale Intelligenz", die unser Denkvermögen betrifft, dann die „praktische Intelligenz", die uns bei der Ausführung von praktischen Tätigkeiten hilft, und die „emotionale Intelligenz", die den Gefühlsbereich betrifft.

Was bezeichnen wir als „emotionale Intelligenz"?

Der Begriff „emotionale Intelligenz" ist relativ neu. Wir verstehen darunter die Fähigkeit, Gefühle und Wünsche von uns und vor allem auch anderen Personen erkennen und richtig deuten zu können. Zur emotionalen Intelligenz gehört aber auch, mit seinen Gefühlen in bestimmten Situationen angemessen reagieren zu können.

Die dargestellten Personen setzen bei der Unterhaltung auch die Körpersprache ein.

Die Aufnahmen stellen die Hirnaktivität oben bei einem Gesunden, unten bei einem Alzheimer-Patienten dar. In den blauen Bereichen ist die Aktivität stark eingeschränkt.

Der Austausch mit anderen Menschen (Kommunikation) ist für uns sehr wichtig.

Unter dem Begriff „Wahrnehmung" verstehen wir die Aufnahme und die Verarbeitung aller durch unsere Sinnesorgane in unser Gehirn weitergeleiteten Reize. Hierzu gehören z. B. Bilder über das Auge, Temperatur über die Haut, Geräusche über das Ohr oder Geschmack über die Zunge.

Was heißt „Wahrnehmung"?

Jeder Mensch ist nicht nur äußerlich anders, er hat auch eine eigene Persönlichkeit, die ihn von anderen unterscheidet. Diese Persönlichkeit setzt sich aus vielen einzelnen Elementen zusammen. Hierzu gehört z. B., ob wir eher ängstlich oder eher mutig sind, ob wir uns immer „gestresst" fühlen oder sehr belastbar sind oder ob wir uns schnell aufregen oder gelassen sind. Diese Liste kann man noch um viele Punkte ergänzen.

Was macht unsere Persönlichkeit aus?

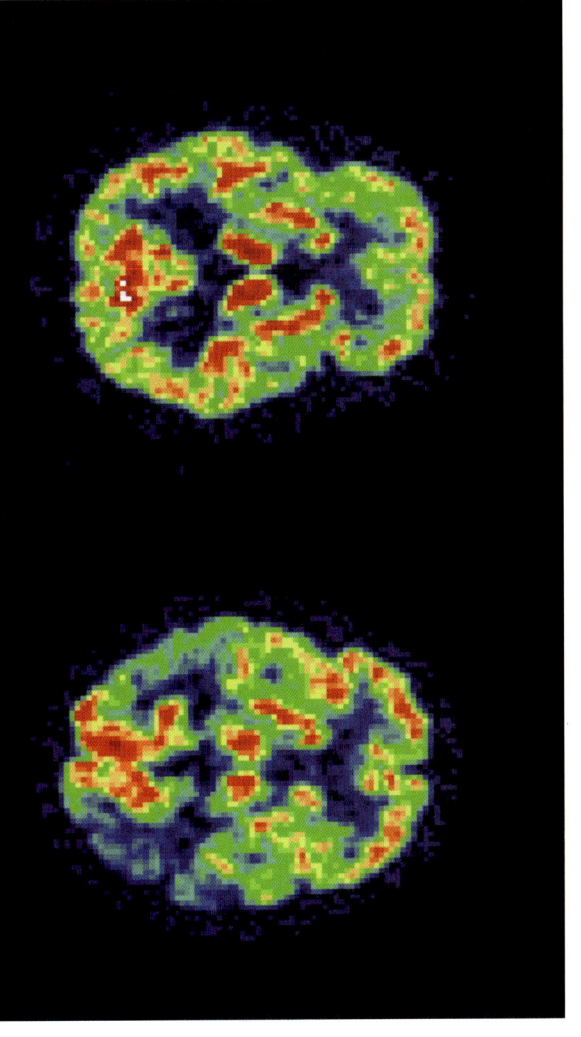

Die Funktionen des Gedächtnis sind äußerst kompliziert und noch nicht vollständig erforscht. Teilst du deinem Freund deine Telefonnummer mit, speichert sein Gehirn sie zunächst im so genannten Ultrakurzzeitgedächtnis ab. Beim Aufschreiben wiederholt er die Nummer, und sie gelangt ins Kurzzeitgedächtnis. Sobald er die Nummer öfter gewählt hat, weiß er sie auswendig: Sie ist jetzt im Langzeitgedächtnis. Gedächtnisinhalte werden nicht an einer bestimmten Stelle in unserem Gehirn gespeichert, sondern sie sind über das gesamte Großhirn verteilt.

Wie funktioniert unser Gedächtnis?

Man unterscheidet mehrere Formen von Gedächtnisstörungen. Bei „Merkfähigkeitsstörungen" hat eine Person Neues bereits nach wenigen Minuten wieder vergessen. Ist das Kurzzeitgedächtnisses gestört, wird Neues nur Minuten oder Stunden behalten. Bei einer Störung des Langzeitgedächtnisses kann sich eine Person an Ereignisse, die Monate oder Jahre zurückliegen, nicht mehr erinnern.

Was sind Gedächtnisstörungen?

Was ist eine Erinnerungslücke?

Es kommt vor, dass sich Menschen an ein bestimmtes Ereignis oder an eine bestimmte Zeitspanne absolut nicht mehr erinnern können. Dies bezeichnet man als eine Erinnerungslücke. Ursachen für Erinnerungslücken können Krankheiten oder Unfälle mit Kopfverletzungen sein.

Was ist „Verwirrtheit"?

Kann ein Mensch nicht mehr klar und zusammenhängend denken, bezeichnen wir dies als Verwirrtheit. Menschen können aufgrund einer Krankheit oder wegen eines Mangelzustands (z. B. von Trinkflüssigkeit) vorübergehend verwirrt sein. Eine Altersverwirrtheit, die sich nicht mehr bessert und auf Veränderungen im Gehirn beruht, nennt man „Demenz".

Was ist „Hypnose"?

Die Hypnose ist ein Zustand, der dem Schlaf ähnlich ist. Der hypnotisierte Mensch kann dabei von dem Hypnotisierenden sehr leicht beeinflusst werden. Oft beginnt eine Hypnose damit, dass sich die Person sehr stark auf einen bestimmten Gegenstand konzentriert. Die Entspannung nimmt immer mehr zu, und schließlich nimmt die Person nur noch die Stimme des Hypnotisierenden wahr.

Weshalb und wie sprechen wir?

Wir sprechen, um mit anderen Menschen Kontakt aufzunehmen. Der Mensch ist auf den Kontakt zu seinen Mitmenschen angewiesen. Wir bezeichnen dies als Kommunikation. Wir teilen uns nicht nur mit der gesprochenen Sprache mit. Sicherlich hast du schon von der so genannten Körpersprache gehört. Bei der Körpersprache teilen wir unserem Gegenüber über Signale durch Gesten und Gesichtsmimik bestimmte Dinge mit. Wenn wir z. B. unsere beiden Schultern heben, bedeutet dies „Ich weiß nicht!" Strecken wir unseren Zeigefinger in die Höhe, heißt dies „Achtung!". Sicherlich fallen dir noch viele andere Beispiele ein.

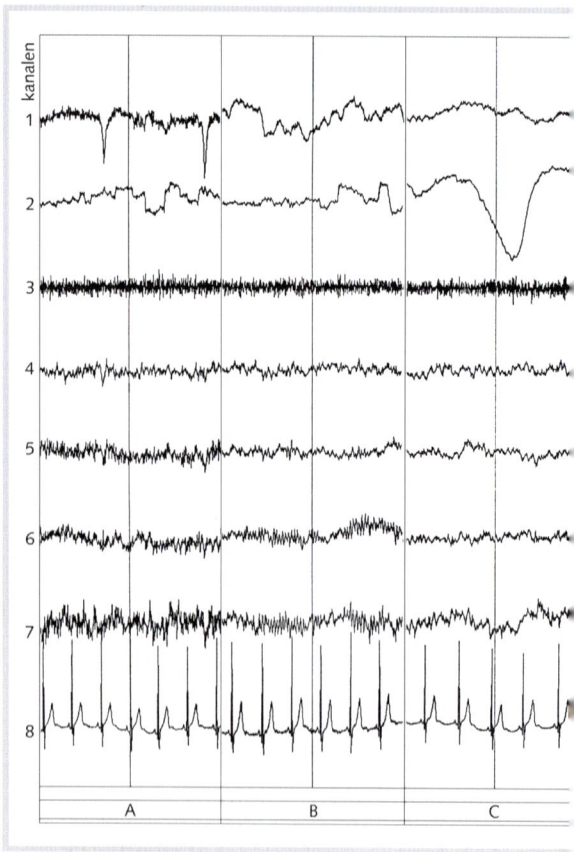

Ein EEG zeichnet die elektrischen Ströme im Gehirn auf.

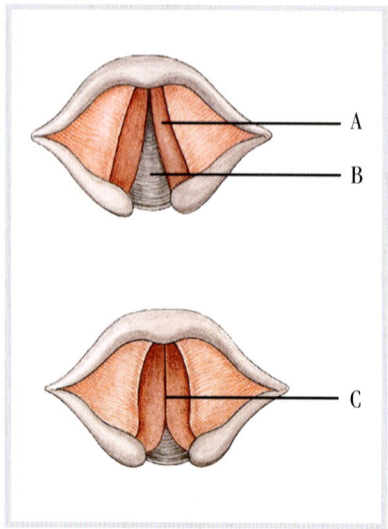

Stimmbänder: A. Stimmband; B. Stimmritze; (geöffnet), C. Stimmritze geschlossen.

Auf der Welt gibt es eine unvorstellbar große Anzahl an verschiedenen Sprachen. Manche werden nur von wenigen Bewohnern abgelegener Gegenden gesprochen. Andere wiederum sind auf der ganzen Welt verbreitet, so z. B. Englisch, Französisch oder Spanisch. Wie wir sprechen, wird von unserem Alter, unserer Herkunft, unserer momentanen Stimmung und Situation bestimmt. Im Kindesalter ist die Entwicklung der Sprache eng mit der des Gehirns verknüpft.

Wenn sich zwei Ärzte über einen Patienten unterhalten, versteht man als Laie oft kaum ein Wort. Ärzte verständigen sich in dieser medizinischen Fachsprache, weil es in unserer Umgangssprache die entsprechenden medizinischen Begriffe nicht gibt. Wie in der Medizin gibt es aber auch in vielen anderen Berufen aus diesem Grund eine spezielle Fachsprache.

Was ist eine „Fachsprache"?

Wie Wissenschaftler herausgefunden haben, ist eine Voraussetzung für Sprache ein entsprechend geformter Kiefer. Unsere Vorfahren hatten noch nicht immer eine zu Sprache befähigende Kieferform. Mit der Veränderung unseres Kiefers kam auch die Entwicklung unserer menschlichen Sprache. Das begann vor etwa 50000 Jahren und war vor etwa 10000 Jahren abgeschlossen.

Seit wann kann der Mensch sprechen?

Bei einem Schlaganfall gehen durch eine Blutung oder eine Gefäßverstopfung im Gehirn Gehirnzellen zugrunde. Betrifft der Schlaganfall die Zellen, die für unsere Sprache zuständig sind, können wir möglicherweise nicht mehr sprechen oder wir können uns einfach nicht mehr erinnern, wie bestimmte Dinge genannt werden.

Wie kann ein Schlaganfall unsere Sprache verändern?

Es gibt verschiedene Sprachstörungen, die eine Sprachtherapie notwendig machen. Wie eben schon erwähnt, können dies Menschen nach einem Schlaganfall sein, die wieder das Sprechen lernen wollen. Kinder mit einem Hörschaden müssen ebenfalls das Sprechen durch einen Sprachtherapeuten erlernen. Dies ist besonders schwierig, da sie ja nicht hören, was sie sagen.

Wer geht zur Sprachtherapie?

Die Sprache ist unser wichtigstes Ausdrucksmittel. Sprachstörungen wirken sich deshalb stark auf unsere Beziehungen aus.

Beim Sprechen sind die Atemmuskeln, die Muskeln von Lippen, Kiefer, Gaumen, Zunge und Kehlkopf sowie die Stimmbänder und einige der Gesichtsmuskeln beteiligt.

Welche Muskeln brauchen wir zum Sprechen?

GESUNDHEIT

Gesundheit und Krankheit waren für den Menschen schon immer von sehr großer Bedeutung. Wir merken dies schon bei einer harmlosen Erkältung: Wir fühlen uns unwohl, schlapp und wünschen uns nichts mehr, als möglichst bald wieder gesund zu werden. Dass Gesundheit nicht kostenlos ist und Krankheit sehr teuer sein kann, taucht fast täglich als Thema in den Medien auf. Es wächst die Erkenntnis, dass nicht mehr alle Möglichkeiten, die uns die Medizin bietet, bezahlbar sind. Umso wichtiger ist für uns ein möglichst gesundheitsbewusstes Verhalten, um vielen Krankheiten vorzubeugen. Einige neue Berufe sind in diesem Zusammenhang entstanden.

Welche Aufgaben hat das Immunsystem?

Das Immunsystem schützt uns vor Krankheiten, die von Bakterien, Pilzen oder Viren verursacht werden. Das Immunsystem versucht, möglichst alle Krankheitserreger zu vernichten.

Wie funktioniert das Immunsystem?

An der Immunabwehr sind Abwehrzellen, Eiweißstoffe und Körperorgane beteiligt. Die Abwehrzellen greifen die Krankheitskeime direkt an (z. B. in Wunden). Die im Blut und anderen Körperflüssigkeiten gelösten Eiweißstoffe zerstören die Zellwand der Krankheitserreger. Organe wie z. B. das Knochenmark oder die Milz produzieren Abwehrzellen oder filtern Krankheitskeime aus dem Blut oder aus der Lymphflüssigkeit.

Was sind Killerzellen?

Unter den Leukozyten gibt es große Zellen, die man Killerzellen nennt. Killerzellen bekämpfen in den Körper eingedrungene Viren. Sie sind in der Lage, rasch passende Abwehrstoffe gegen die verschiedenen Viren zu bilden.

Wozu dient Interferon?

Interferon ist ein Stoff, der von Körperzellen freigesetzt wird, die mit Viren infiziert sind. Interferon lockt Abwehrzellen an und kann auch selbst Viren an der Vermehrung hindern. Künstlich hergestelltes Interferon dient heute als Medikament.

Regelmäßige körperliche Aktivität unterstützt die Immunabwehr. Übertreibung beim Sport schwächt aber die Abwehrkräfte!

Damit Krankheitserreger nicht von einem Patienten auf einen anderen weitergetragen werden, müssen im Krankenhaus bestimmte Vorsichtsmaßnahmen getroffen werden. Hierzu zählt auch die Desinfektion der Hände von Schwestern, Pflegern und Ärzten. Durch den Alkohol im Desinfektionsmittel werden die Krankheitserreger auf den Händen wirksam abgetötet und können nicht mehr auf andere Patienten übertragen werden. Auch darf bei einer Operation nur Material zum Einsatz kommen, auf dem sich keine Keime mehr befinden. Einen Gegenstand, auf dem sich kein Keim befindet, nennt man steril.

Warum waschen sich Ärzte und Schwestern im Krankenhaus so oft die Hände?

Wir können durchaus Einfluss auf unser Immunsystem nehmen. Wenn wir uns abwechslungsreich ernähren und mit dem Essen genügend Vitamine zu uns nehmen, unterstützen wir unser Immunsystem. Auch ein ausreichendes Maß an Schlaf stärkt unsere Immunabwehr.

Können wir unser Immunsystem unterstützen?

Die wichtigsten Krankheitserreger sind Bakterien, Viren und Pilze. Drei Beispiele: Tuberkulose ist eine bakterielle Erkrankung, Masern sind eine virale Krankheit, und der Fußpilz ist eine durch einen Pilz ausgelöste Erkrankung.

Welche Krankheitserreger gibt es?

Bakterien sind sehr kleine Lebewesen (0,8 bis etwa 80 Tausendstel Millimeter groß), die nur aus einer einzigen Zelle bestehen. Sie sind stäbchenförmig, kugelförmig oder schraubenförmig. Manche besitzen dünne Härchen (die so genannten Geißeln), mit denen sie sich fortbewegen.

Was ist ein Bakterium?

Viren sind noch sehr viel kleiner als Bakterien. Da ein Virus keinen eigenen Stoffwechsel hat, ist es nur in anderen Zellen vermehrungsfähig. Es gibt krankmachende Viren beim Menschen, bei Tieren, bei Pflanzen, ja sogar bei Bakterien.

Was ist ein Virus?

Wer regelmäßig in die Sauna geht, ist besser geschützt gegen Infektionskrankheiten und stärkt außerdem wirkungsvoll sein Herz-Kreislauf-System.

Was ist ein Pilz?

Wenn du das Wort Pilz hörst, denkst du vermutlich an Champignons oder den giftigen Fliegenpilz. Es gibt jedoch auch Pilze, die viel kleiner sind und z. B. auf der Haut des Menschen leben können. Krankheiten, die durch Pilze verursacht werden, heißen Mykosen.

Weshalb bekommen wir Fieber?

Durch die Erhöhung der Körpertemperatur können eingedrungene Krankheitserreger besser bekämpft werden. Steigt das Fieber zu weit an, ist es jedoch selbst gefährlich für den Körper und muss wieder gesenkt werden.

Was ist ein Antigen?

Antigene sind Moleküle, die in den Körper eingedrungen sind und die als fremd erkannt werden. Das Immunsystem bildet dann die so genannten Antikörper, die die Antigene beseitigen sollen.

Weshalb gibt es eine „Blut-Hirn-Schranke"?

Die Blutgefäße im Gehirn haben eine spezielle Schicht in ihrer Wand, die für viele Stoffe undurchlässig ist. Auch Bakterien oder Viren können diese so genannte Blut-Hirn-Schranke nicht überwinden. Das schützt uns vor Erkrankungen des Gehirns.

Steigt bei einer Infektionskrankheit unsere Körpertemperatur, hat das Abwehrsystem die Schlacht gegen die Krankheitserreger aufgenommen.

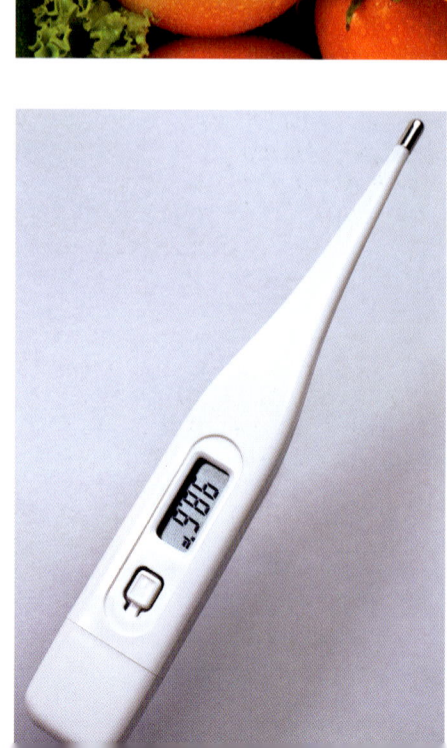

Antibiotika sind Medikamente, die Bakterien entweder töten oder in ihrer Vermehrungsfähigkeit behindern. Es gibt sehr viele verschiedene Antibiotika, und jedes wirkt immer nur gegen einige ganz bestimmte Bakterien. Manchmal passiert es, dass einem Bakterium ein Antibiotikum, das ihm bisher schaden konnte, plötzlich nichts mehr ausmacht. Dieses Bakterium ist dem Antibiotikum gegenüber „resistent". Antibiotika sind gegen Viren und Pilze wirkungslos.

Was sind Antibiotika?

1928 fand Alexander Fleming unter seinen Nährböden, auf denen er Bakterien züchtete, einen verschimmelten Nährboden. Er entdeckte dabei, dass direkt um den Schimmelpilz herum alle Bakterien abgestorben waren. Der Pilz (mit dem lateinischen Namen Penicillium notatum) enthielt offenbar eine Substanz, die Bakterien abtöten konnte. So entdeckte Fleming das erste Antibiotikum, das er Penicillin nannte.

Wer hat als Erster das Antibiotikum entdeckt?

Unter normalen Bedingungen kann ein Mensch ohne sein Immunsystem nicht lange überleben. Da sich überall um uns herum Krankheitserreger befinden, würde er sofort krank werden und an den Krankheiten sterben.

Kann ein Mensch ohne Immunsystem leben?

Die in Gemüse und Salat enthaltenen Vitamine stärken die Abwehrkräfte. Auch die Pflanzenfarbstoffe sind wertvoll für den Körper. Deshalb sollte man möglichst „bunt" essen, also Obst und Gemüse in vielen Farben.

Schematische Zeichnung eines Aidsvirus: Die stecknadelkopfförmigen Gebilde an der Oberfläche sind Eiweißmoleküle, die zu den Eiweißmolekülen weißer Blutzellen passen wie der Schlüssel zum Schloss. Mit ihrer Hilfe kann das Virus in die Zelle eindringen und sich dort vermehren.

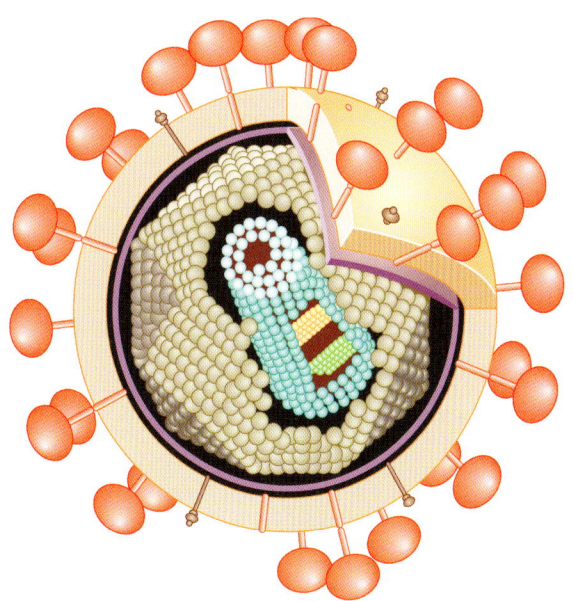

Wie funktioniert das Lymphsystem?

Das Lymphsystem ist für den Transport von Flüssigkeiten und darin gelösten Stoffen zuständig. Im Gegensatz zum Blutsystem ist das Lymphsystem jedoch kein Kreislauf. Der Transport in den Lymphgefäßen erfolgt hauptsächlich durch die Anspannung der Muskulatur, in der die Gefäße liegen. Größere Lymphgefäße können sich selbst zusammenziehen und so die Flüssigkeit weitertransportieren.

Was ist ein Lymphknoten?

Am Zusammenfluss von mehreren Lymphgefäßen gibt es kleine kugelförmige Gebilde, die so genannten Lymphknoten. Im Körper eines Menschen gibt es zwischen 500 und 1000 Lymphknoten. In ihrem Gewebe werden die Lymphozyten gebildet, die bei der Immunabwehr eine Rolle spielen.

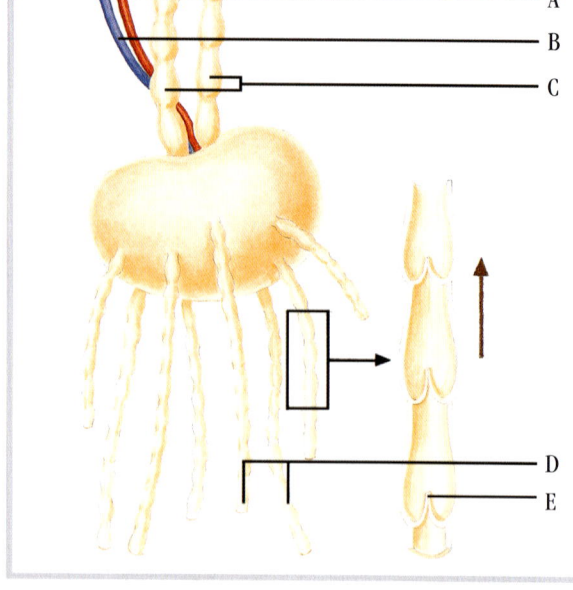

Lymphknoten: A. Arterie; B. Vene; C. abführende Lymphgefäße; D. zuführende Lymphgefäße; E. Klappen in den Lymphgefäßen verhindern das Zurückfließen der Lymphe.

Was enthält die Lymphflüssigkeit?

Die vom Lymphsystem durch den Körper transportierte Lymphe hat ihren Ursprung in der Gewebeflüssigkeit. Die Lymphe enthält daher viele Salze, Eiweißstoffe, Fette, Abwehrzellen und Krankheitserreger. In der Lymphe, die aus den Lungen kommt, findet man feine Staubpartikel oder bei Rauchern auch kleine Rußteilchen.

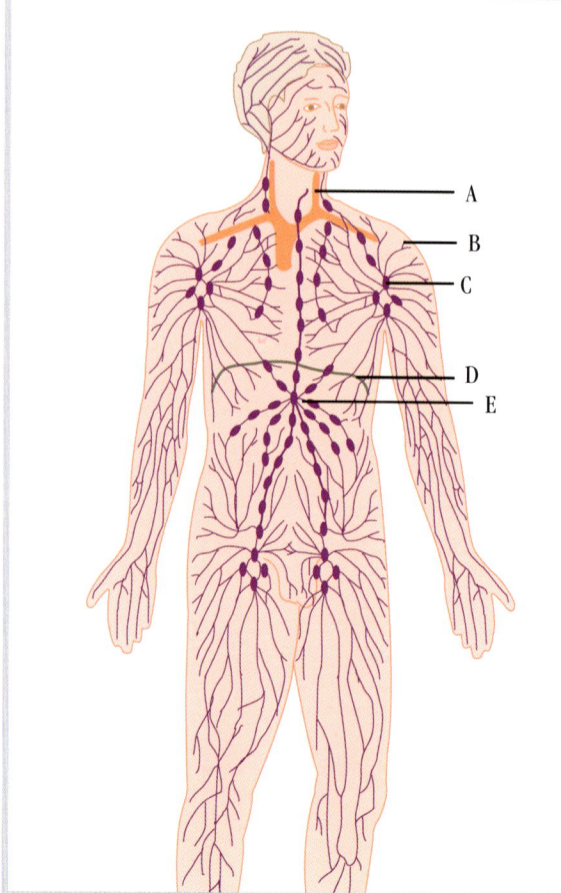

Lymphknoten im Körper: A. Halsschlagader; B. Schlüsselbeinarterie; C. Lymphgefäß; D. Zwerchfell; E. Lymphknoten.

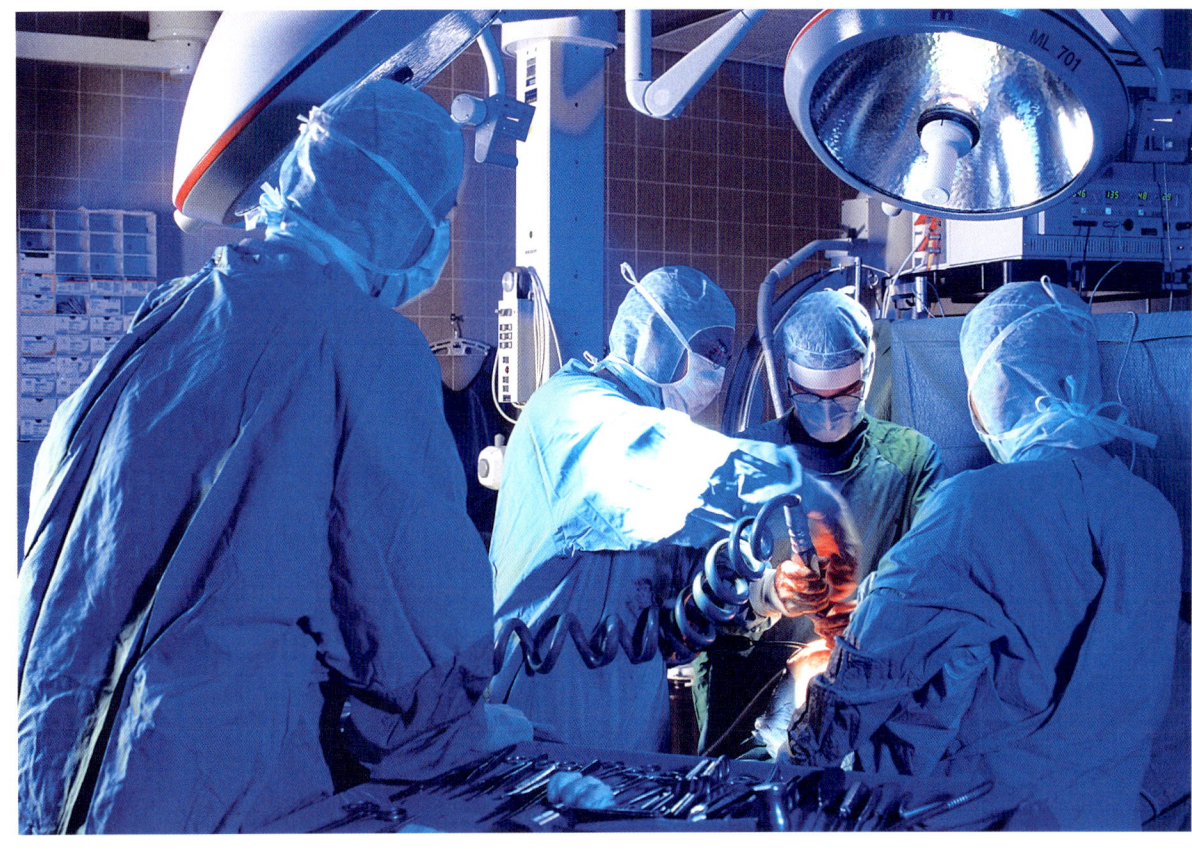

Bei einer Krebsoperation werden häufig die Lymphknoten in der Nähe des Tumors gleich mit entfernt, um eine weitere Ausbreitung der Krankheit zu verhindern.

Wie viel Lymphe transportiert das Lymphsystem täglich?

Das Lymphsystem transportiert pro Minute ca. 1,5 bis 2 Milliliter Lymphflüssigkeit. An einem Tag fließen also etwa 1 bis 1,5 Liter Lymphe durch unseren Körper.

Warum staut sich manchmal die Lymphe?

Mitunter kommt es vor, dass die Lymphflüssigkeit nicht mehr ausreichend aus dem Gewebe abtransportiert wird. Dann spricht man von einem „Lymphstau" oder „Ödem". Bei den betroffenen Menschen ist das entsprechende Körperglied (oft sind es die Beine) sehr stark angeschwollen.

Normalerweise nicht, aber wenn sich in der Umgebung eine Entzündung befindet, kann man manchmal Lymphknoten tasten. Das ist vor allem am Hals bei einer Halsentzündung oder hinter den Ohren bei einer Ohrentzündung der Fall. Auch beim Lymphknotenkrebs schwellen die Lymphknoten an und können getastet werden. Besteht der Verdacht, dass Lymphknoten im Körperinneren z. B. durch eine Krebserkrankung vergrößert sein könnten, wird eine Röntgenuntersuchung durchgeführt.

Bei einigen Krebserkrankungen wandern manchmal Krebszellen in das Lymphsystem. Dort werden sie in den Lymphknoten abgefangen. Die Krebszellen werden hier vernichtet. Falls dies nicht gelingt, wachsen sie in den Lymphknoten weiter. Daher werden bei vielen Krebsoperationen auch die Lymphknoten der Umgebung entfernt, da sie eventuell Krebszellen enthalten.

Kann man Lymphknoten unter der Haut tasten?

Weshalb entfernt man bei manchen Krebsoperationen auch die Lymphknoten?

Sind Sport und Bewegung gesund?

Zur Gesunderhaltung unseres Körpers gehört ein ausreichendes Maß an Bewegung und Sport. Menschen, die sich nur wenig bewegen, leiden schnell an Übergewicht, Herzproblemen und anderen Erkrankungen.

Wie ernähren wir uns richtig?

Die drei Hauptbestandteile der Nahrung sind Kohlenhydrate (z. B. Brot oder Nudeln), Eiweiße (z. B. Fleisch oder Käse) und Fette (z. B. Butter oder Öl). Sehr wichtig für uns sind auch Vitamine, die unser Körper lebensnotwendig braucht. Das Beste für unseren Körper ist eine abwechslungsreiche Ernährung. Ernähren wir uns zu einseitig, z. B. indem wir sehr viele Süßigkeiten oder sehr oft Schokolade essen, werden wir krank.

Wie viel Flüssigkeit müssen wir jeden Tag trinken?

Für den Körper sind nicht nur Nahrungsmittel wichtig, auch müssen wir reichlich trinken. Etwa 1,5 Liter Flüssigkeit benötigt der Körper jeden Tag. Treiben wir Sport oder schwitzen stark, müssen wir noch mehr Flüssigkeit zu uns nehmen. Mineralwasser ist gut als Getränk geeignet, da es im Gegensatz zu Limonade keinen Zucker enthält und wir davon nicht übergewichtig werden.

Die Kontrolle des Gewichts ist wichtig, jedoch darf eine Angst vor Übergewicht nicht in Essstörungen münden.

Viele Drogen (z. B. Ecstasy) schädigen das Gehirn und die Leber. Die Gefahr, süchtig zu werden, ist sehr hoch.

Sind Drogen schädlich?

Der Schlafbedarf nimmt im Laufe des Lebens kontinuierlich ab. Ein Kind von 5 Jahren benötigt etwa 12 Stunden Schlaf. Ein Erwachsener kommt in der Regel mit 7 bis 8 Stunden Schlaf aus.

Wie viel Schlaf braucht der Mensch?

Als groben Wert kann man von seiner Körpergröße in Zentimeter 100 abziehen und erhält dann ungefähr sein Normalgewicht. Liegt jemand mit 20 Prozent und mehr über dem Normalgewicht, bezeichnet man dies als Übergewicht.

Ab wann ist man zu dick?

Durch eine Impfung wird der Körper vor einer ansteckenden Krankheit geschützt. Dem Körper werden bei einer Impfung abgetötete Krankheitskeime gespritzt. Bei einer Schluckimpfung wird der Impfstoff über den Mund aufgenommen. Das Immunsystem bildet dann Stoffe gegen diese toten Keime (Antikörper). Dringt dann später einmal ein solcher lebender Keim in den Körper, sind die Antikörper schon vorhanden und können den Eindringling unschädlich machen.

Was geschieht bei einer Impfung?

Eine ausgewogene Ernährung mit viel Getreideprodukten, Gemüse und Obst hält uns gesund. Mit tierischen Produkten, Fett und Zucker sollte man dagegen eher sparsam umgehen.

Wer auf das Rauchen verzichtet, tut viel für die Gesundheitsvorsorge.

Was passiert bei einer Allergie?

Eine Allergie ist eine überaus starke Reaktion des Immunsystems auf einen bestimmten Stoff (den man dann Allergen nennt). Häufige Allergene sind Hausstaub, Pollen und Katzenhaare. Bei schweren allergischen Reaktionen muss unverzüglich der Notarzt gerufen werden. Manchmal gelingt es, den Körper ganz allmählich an den allergieauslösenden Stoff zu gewöhnen. Dies nennt man „Desensibilisierung" und wird vom Arzt durchgeführt.

Was ist Krebs?

Die Krebserkrankung entsteht durch eine einzige Körperzelle, die sich unkontrolliert vermehrt und so eine Geschwulst (Tumor) bildet. Dem Körper gelingt es nicht, das Wachstum der neu gebildeten Zellen zu stoppen. Der Tumor verdrängt oder schädigt das umliegende Gewebe.

Wie behandelt man Krebs?

Sofern dies möglich ist, wird der Tumor durch eine Operation entfernt. Oder man versucht, die Krebsgeschwulst durch stark wirksame Medikamente zu zerstören (dies nennt man Chemotherapie). Manche Tumoren wiederum können besser mit radioaktiven Strahlen behandelt werden (Strahlentherapie).

Die Ursache eines Schlaganfalls ist oft ein geplatztes Blutgefäß im Gehirn.

Durch Infusionen kann man Patienten Flüssigkeit und Medikamente zuführen.

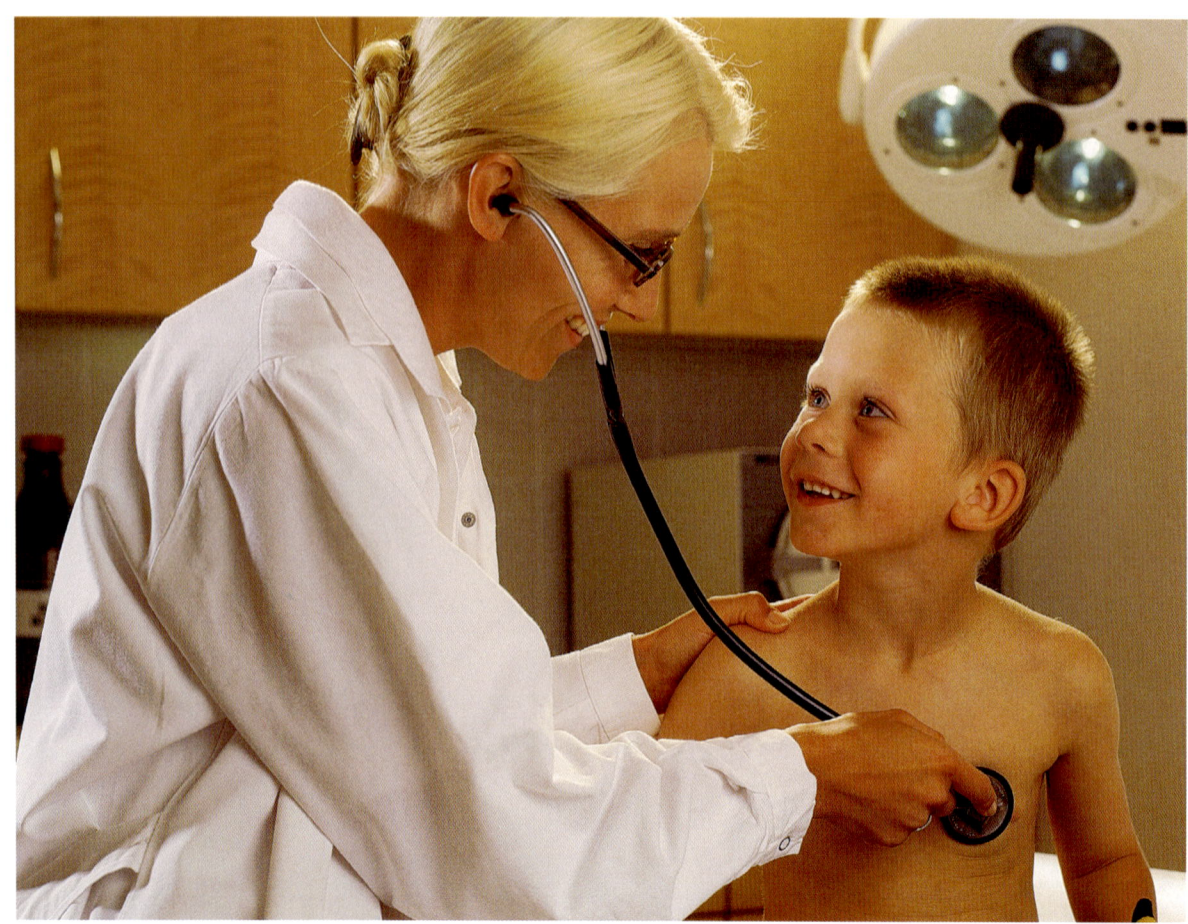

Kontrolluntersuchungen helfen, Allergien bereits im Vorfeld zu erkennen.

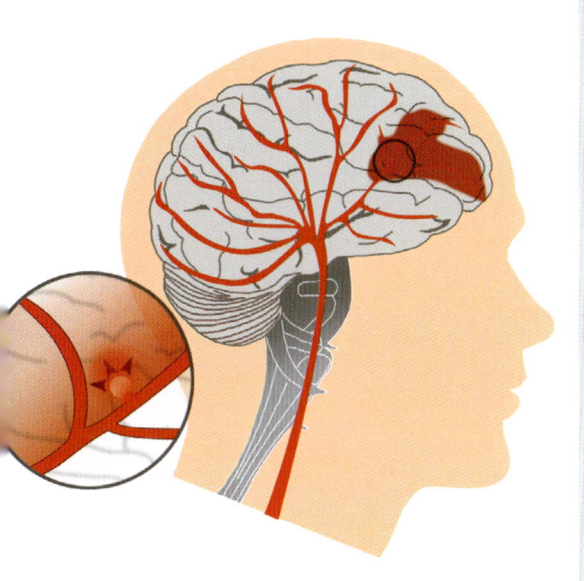

Es gibt auch Erkrankungen, die vererbt werden. Man spricht daher von Erbkrankheiten. Die Bluterkrankheit, bei der die Gerinnung des Blutes nicht richtig funktioniert, ist ein Beispiel dafür. Da die Ursache dieser Krankheiten in den Genen liegt, können sie nicht geheilt werden.

Gibt es angeborene Krankheiten?

Eine Infektionskrankheit ist eine Krankheit, die durch Krankheitserreger, das sind Bakterien, Viren oder Pilze, verursacht wird. Manche dieser Krankheitserreger werden von Mensch zu Mensch (z. B. der Schnupfen oder AIDS), andere von Tier zu Mensch (z. B. Tollwut oder Malaria) übertragen.

Was ist eine Infektionskrankheit?

Die häufigste von Tieren auf den Menschen übertragene Erkrankung ist die Malaria. Hier erfolgt die Ansteckung durch Mückenstiche. Ähnlich war es in früheren Zeiten mit der Pest, die durch den Biss von Rattenflöhen übertragen wurde. In manchen Gegenden kann die Tollwut durch den Biss z. B. von infizierten Füchsen übertragen werden.

Wie können Tiere Krankheiten auf den Menschen übertragen?

Es gibt nur gegen wenige Viren gute Medikamente. Bei vielen Viruserkrankungen muss man warten, bis sie von selbst abheilen. Gegen Bakterien können Antibiotika eingesetzt werden. Jedoch gibt es mittlerweile Bakterien, bei denen kein Antibiotikum mehr wirkt. Pilze werden mit pilztötenden Mitteln behandelt. Die Behandlung einer Pilzkrankheit ist jedoch oft sehr langwierig.

Wie behandelt man eine Infektionskrankheit?

Es gibt Erkrankungen, deren Ursache in der Lebensweise unserer Wohlstandsgesellschaft liegt. Durch Stress bedingte Schlaganfälle zählen dazu. Zudem können wir z. B. durch ein überreichliches Nahrungsangebot übergewichtig werden. Dies wiederum zieht unter Umständen Herz- oder Stoffwechselkrankheiten nach sich.

Was ist eine „Wohlstandskrankheit"?

Warum leben heute die Menschen länger als früher?

Dass die Menschen bei uns heute im Durchschnitt älter werden als früher, hat verschiedene Ursachen. Einer der wichtigsten Gründe ist sicherlich die bessere medizinische Versorgung. Früher sind die Menschen an Krankheiten gestorben, die man heute gut behandeln kann. Ein Beispiel von vielen sind die von Bakterien verursachten Erkrankungen, die heute durch Antibiotika behandelt werden können.

Wie findet ein Arzt heraus, unter welcher Krankheit jemand leidet?

Ein Arzt erfährt zunächst im Gespräch mit dem Patienten (Anamnese), welche Beschwerden dieser hat. Darüber hinaus kann er durch Röntgenaufnahmen, Ultraschalluntersuchungen, Blut- und Urinkontrollen und noch viele weitere Untersuchungsmöglichkeiten Rückschlüsse auf die vorhandene Krankheit ziehen.

Was macht ein Chirurg?

Ein Chirurg ist ein Arzt, der operiert. Viele Chirurgen haben sich spezialisiert. Manche versorgen vor allem Knochenbrüche, andere operieren hauptsächlich Organe im Bauch, wieder andere führen nur Operationen am Herzen durch.

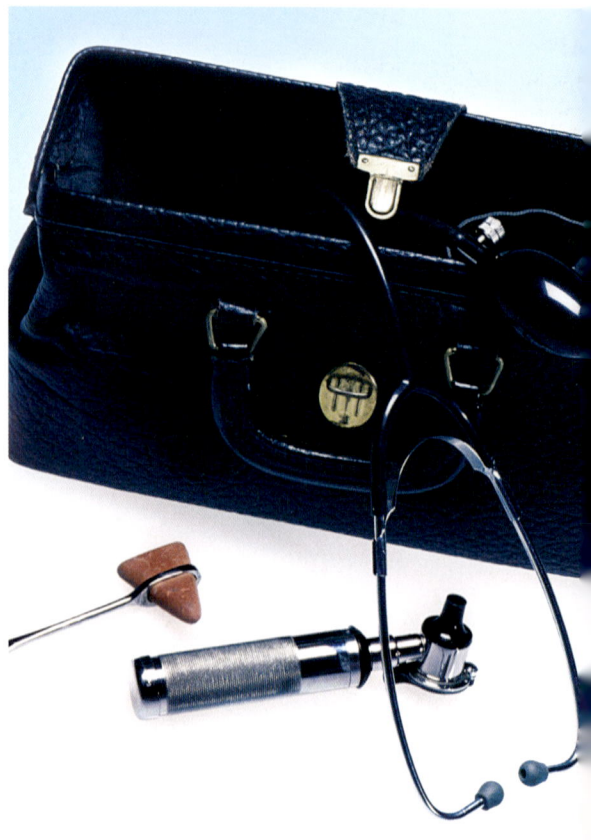

Bei Hausbesuchen hat der Arzt nur wenige, aber wichtige Diagnoseinstrumente dabei.

Was passiert bei einem Schlaganfall?

Ein Schlaganfall kann zwei Ursachen haben: Entweder platzt im Gehirn ein Blutgefäß oder es wird durch ein Blutgerinnsel verstopft. In beiden Fällen nimmt das Gehirn Schaden. Abhängig davon, wo diese geschädigte Stelle liegt, kann der Betroffene z. B. nicht mehr richtig gehen, nicht mehr sprechen oder ist sogar bewusstlos.

Weshalb gibt es in anderen Gegenden der Welt Krankheiten, die es bei uns nicht gibt?

Viele Infektionskrankheiten sind auf ganz bestimmte Tiere als Überträger angewiesen. Die Erreger der Malaria werden z. B. nur von der Anophelesmücke übertragen, die nicht überall auf der Welt überleben kann. Daher ist die Infektion mit Malaria nur in solchen Ländern möglich, in denen auch die Anophelesmücke vorkommt.

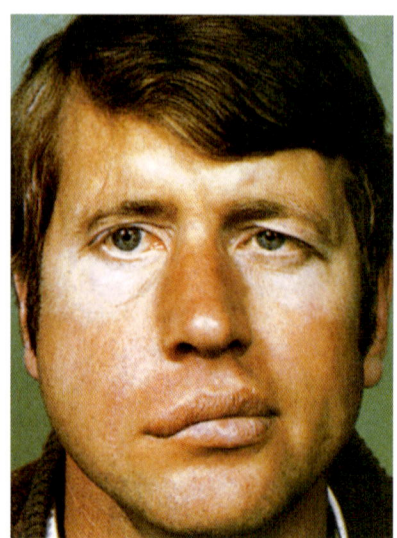

Durch einen Schlaganfall ist die rechte Gesichtshälfte dieses Patienten gelähmt.

Jeder Mensch ist hin und wieder krank. Manche Krankheiten sind harmlos, andere wiederum zwingen lange Zeit zu Bettruhe oder machen sogar einen Krankenhausaufenthalt notwendig. Obwohl die Medizin in den letzten Jahrzehnten rasante Fortschritte gemacht hat, gibt es immer noch Krankheiten, bei denen es keine Heilungschancen gibt. Durch das Reisen in ferne Länder treten auch bei uns zunehmend Krankheiten auf, die zuvor hier noch ganz unbekannt waren.

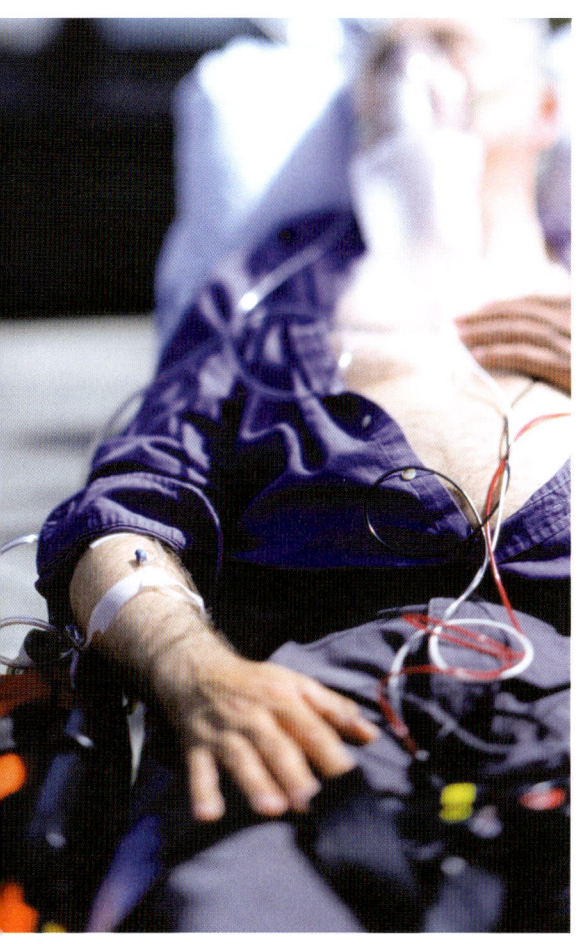

Dieser herzkranke Patient erhält über eine Maske zusätzlich Sauerstoff.

Wie lang wird ein Bandwurm?

Bandwürmer sind Würmer, die Tiere und Menschen gleichermaßen befallen können. Sie lassen sich meist im Darm nieder. Kleine Bandwurmarten werden nur wenige Zentimeter lang. Große Bandwurmarten (z. B. der Rinderbandwurm) können mehrere Meter lang werden.

Was ist eine Berufskrankheit?

Eine Berufskrankheit ist eine Krankheit, die durch die Ausübung eines bestimmten Berufs entsteht. So ist z. B. die Staublunge bei Bergarbeitern eine typische Berufskrankheit. Damit das Risiko einer Berufskrankheit vermindert wird, müssen in vielen Berufen entsprechende Schutzmaßnahmen eingehalten werden.

Wie funktioniert die Organspende?

Durch Krankheiten können im Körper Organe völlig zerstört oder funktionsunfähig werden. Die betroffenen Menschen können dann nur durch die Einpflanzung eines neuen Organs überleben. Dieses Organ wird von verstorbenen Menschen entnommen, die sich zu Lebzeiten bereit erklärt haben, ihre Organe nach dem Tod anderen Menschen zur Verfügung zu stellen.

Was passiert bei einem Herzinfarkt?

Das Herz ist mit Blutgefäßen verbunden, die es mit Sauerstoff versorgen. Kommt es plötzlich zu einer Verstopfung eines solchen Blutgefäßes durch ein Blutgerinnsel, nimmt der Herzmuskel Schaden und ist nicht mehr voll leistungsfähig. Dies bezeichnet man als Herzinfarkt. Manchmal kann eine schnelle Behandlung (z. B. das Auflösen des Blutgerinnsels) die Folgen des Herzinfarkts vermindern.

Was sind Kinderkrankheiten?

Es gibt Krankheiten, die meistens Kinder und nur selten Erwachsene bekommen und die deshalb Kinderkrankheiten genannt werden. Bekannte Kinderkrankheiten sind Masern, Mumps (Ziegenpeter) und Röteln.

Warum nehmen manche Menschen Drogen?

Es gibt viele Ursachen, warum manche Menschen Drogen nehmen. Manche finden es einfach lässig, sich mit Drogen zu berauschen. Andere trauen sich nicht, Drogen abzulehnen, wenn sie ihnen von Freunden angeboten werden. Oder man möchte mit Drogen eine Lebenskrise überwinden. Das Gegenteil ist jedoch der Fall: Die Probleme werden nur noch größer.

Sind Drogen gefährlich?

Wie Mediziner herausgefunden haben, können manche Drogen schon bei der ersten Einnahme bleibende Schäden im Gehirn und in Körperorganen verursachen. Das gilt auch für Ecstasy. Außerdem führen Drogen zu seelischer und körperlicher Abhängigkeit.

Was ist eine Alkoholkrankheit?

Alkohol ist in Europa ein traditionelles Genussmittel. Manche jedoch trinken regelmäßig zu viel Alkohol und werden davon abhängig. Dies bezeichnet man als Alkoholkrankheit.

Können Medikamente krank machen?

Manche Medikamente (z. B. Schlaf- oder Beruhigungsmittel) können abhängig machen. Man spricht dann von „Tablettenabhängigkeit", die eine Entzugsbehandlung notwendig macht.

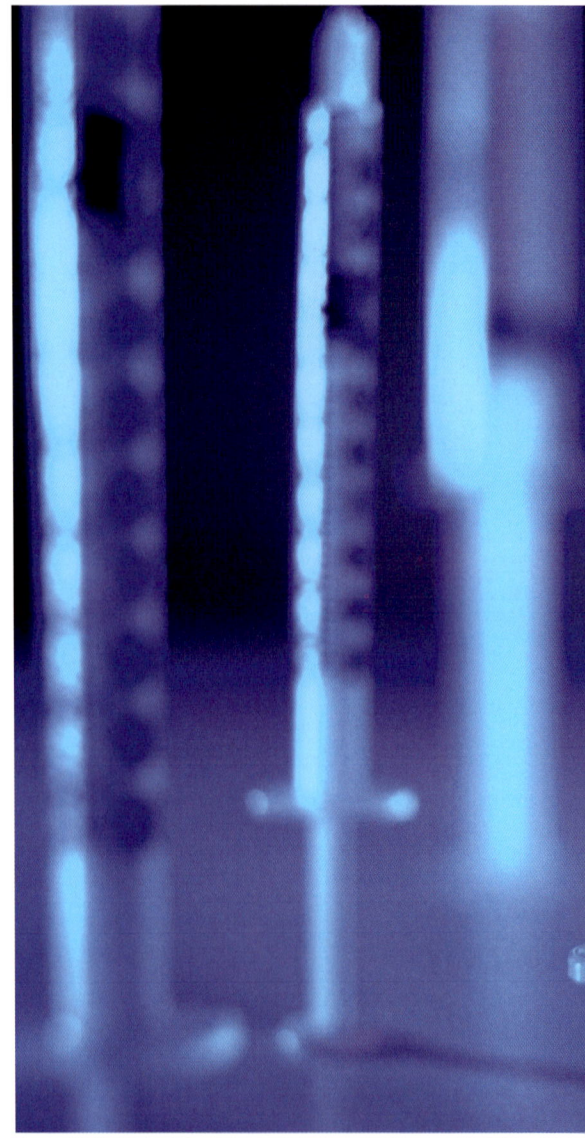

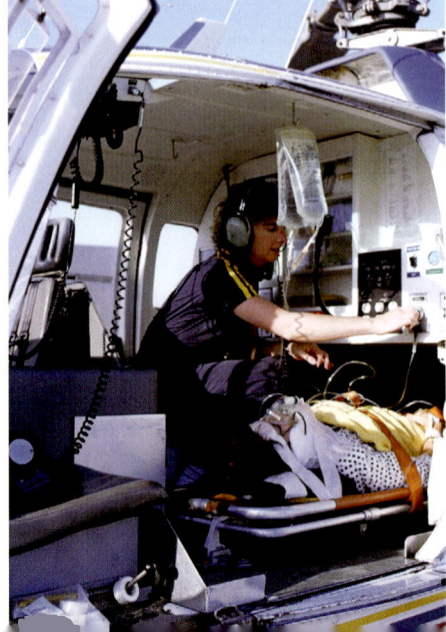

Bei schweren Unfällen muss der Patient mit einem Rettungshubschrauber in die Klinik gebracht werden.

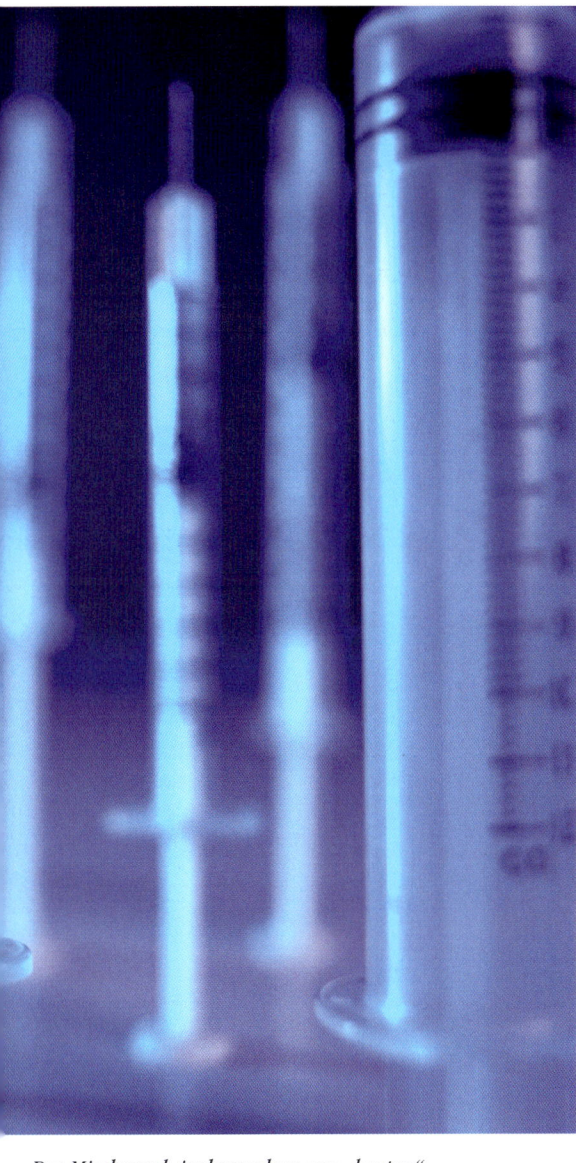

Der Missbrauch insbesondere von „harten" Drogen, die gespritzt werden, hat schon viele Leben zerstört. Dabei ist es nicht nur die Wirkung der Droge selbst, die töten kann, sondern durch unsaubere Spritzen werden auch gefährliche Infektionen wie z. B. AIDS übertragen.

Alkohol und Nikotin zählen zu den Suchtstoffen, die bei uns weit verbreitet sind.

Vor Einführung der Anschnallpflicht kam es wegen der steigenden Geschwindigkeiten zu immer schwereren Autounfällen. Seitdem sind die Unfälle mit Todesfolge oder mit schwersten Verletzungen deutlich zurückgegangen.

Weshalb schnallen wir uns im Auto an?

Bei einem Unfall oder Sturz mir dem Rad kommt es sehr leicht zu Kopfverletzungen. Damit der Kopf des Radfahrers besser geschützt ist, trägt der Radler einen Helm.

Warum tragen wir einen Helm beim Radfahren?

In Deutschland gibt es, wie in vielen anderen Ländern auch, Vorschriften zur Vermeidung von Unfällen. So müssen z. B. an vielen Arbeitsplätzen Schuhe mit Stahlkappen getragen werden. Auch das Anbringen von Warnschildern fällt unter die Unfallverhütungsvorschriften.

Was sind „Unfallverhütungsvorschriften"?

Es ist medizinisch erwiesen, dass dauerhafter Lärm krank macht. So ist bei Menschen, die neben einer stark befahrenen Straße wohnen und Tag wie Nacht dem Verkehrslärm ausgesetzt sind, das Herzinfarktrisiko höher als bei Menschen, die in einer ruhigen Straße wohnen. Lärm schädigt auf die Dauer auch das Gehör.

Macht uns Lärm krank?

Was versteht man unter Medizin?

Die Medizin ist eine Wissenschaft, die systematisch nach Erklärungen sucht für Ursachen und Wirkungen von Krankheiten. Daraus werden Maßnahmen zur Vorbeugung und Heilung abgeleitet. Oft wird aber auch ein Medikament oder ein Arzneimittel als Medizin bezeichnet.

War die Medizin schon immer eine Wissenschaft?

Abgesehen von ersten Anfängen in der babylonischen und ägyptischen Medizin (drittes bis zweites Jahrtausend v. Chr.), wird erst im antiken Griechenland eine systematische Krankheitslehre betrieben. Der Begründer der wissenschaftlichen Heilkunde ist Hippokrates, der von 460 – 377 v. Chr. gelebt hat.

Wer war der erste Arzt?

Den Überlieferungen zufolge kann ein Mann aus dem alten Ägypten als einer der ersten Ärzte gelten. Sein Name ist Imothep, er lebte etwa von 2686 – 2613 v. Chr. Die Leibärzte der Pharaonen galten als die besten ihrer Zeit.

Was besagt der Eid des Hippokrates?

Der Eid des Hippokrates bildet die Grundlage für medizinisches Handeln. Er gibt dem Arzt die Grundsätze für seine Berufsausübung mit, z. B. die Pflicht, nach bestem Wissen zu behandeln.

Der Eid des Hippokrates beinhaltet unter anderem auch die ärztliche Schweigepflicht. So hilft er entscheidend mit, dass das für eine erfolgreiche Behandlung so wichtige Vertrauensverhältnis zwischen Arzt und Patient aufgebaut werden kann..

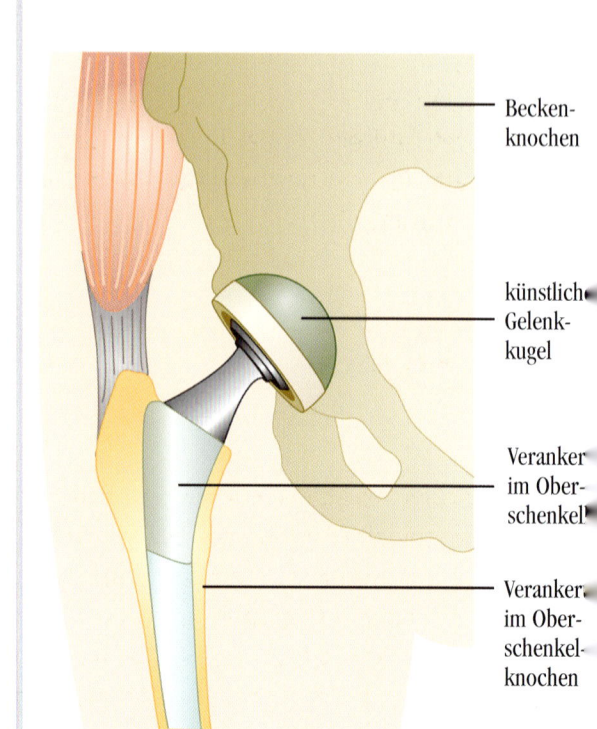

Beckenknochen

künstliche Gelenkkugel

Verankerung im Oberschenkel

Verankerung im Oberschenkelknochen

Eine Hüftgelenksprothese ersetzt ein beschädigtes körpereigenes Gelenk und ermöglicht normale und schmerzfreie Beweglichkeit.

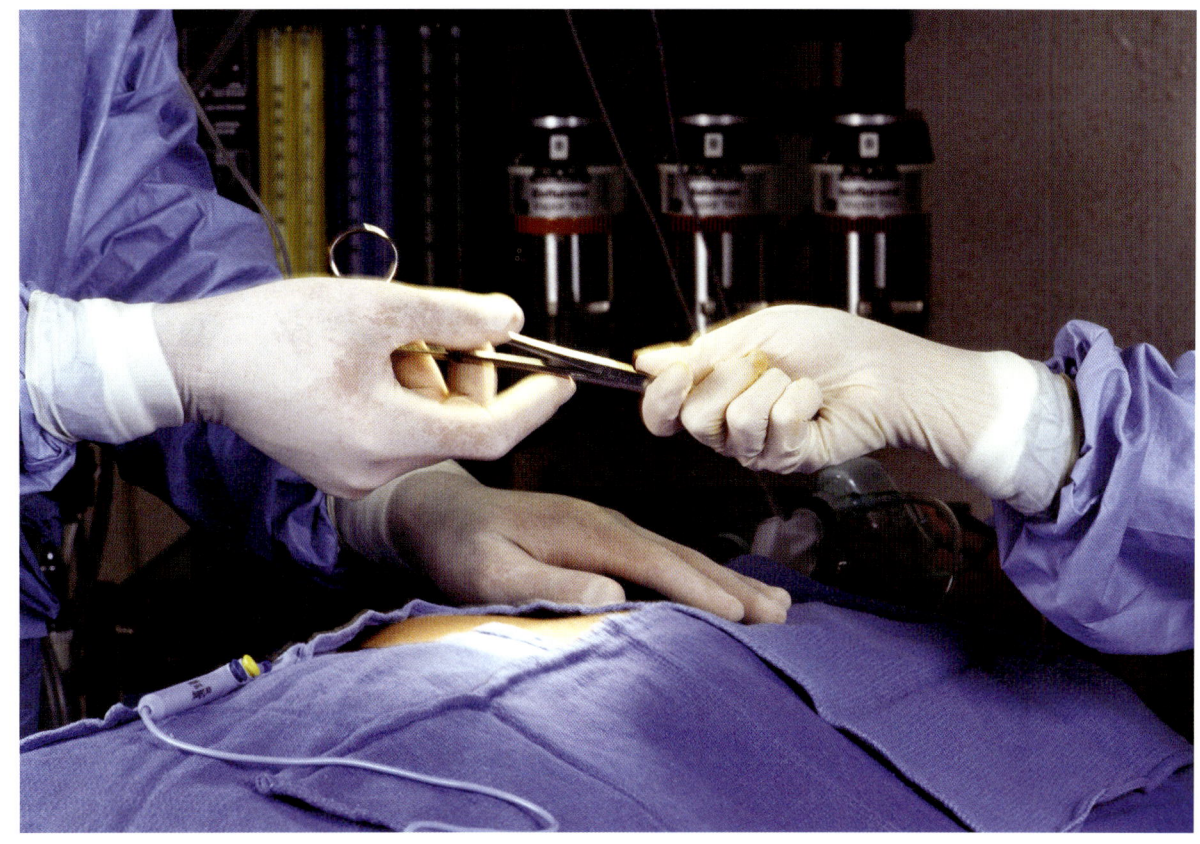

Hygiene ist oberstes Gebot während der Operation. Durch Sterilisieren werden die Operationssäle und Instrumente keimfrei gemacht. Das OP-Personal wäscht und desinfiziert sich die Hände vor einer Operation und trägt Handschuhe, um das Infektionsrisiko so gering wie möglich zu halten.

Was ist die Lehre von den vier Körpersäften?

Die Griechen der Antike meinten, dass Krankheiten stets auf ein Ungleichgewicht der vier Körpersäfte Blut, Schleim, gelbe und schwarze Galle zurückzuführen seien.

Wer war Äskulap?

Äskulap oder Asklepios war nach der griechischen Sagenwelt ein Sohn des Gottes Apollo, der seine Arztbesuche und Wanderungen in Begleitung einer Landnatter unternahm. Er war überaus erfolgreich. So wurde Äskulap zum Schutzherrn der Ärzte. Sein Wanderstab mit der Schlange wurde zu ihrem Symbol.

In der Antike bereiteten die Ärzte ihre Heilmittel selbst zu. Erst im Mittelalter entwickelten sich in Europa Apotheken, die aus den Pflanzen der Kräutergärten Medikamente herstellten. Die Apotheken waren meistens an Klöster angegliedert, die sich der Krankenpflege verschrieben hatten. Im 13. Jahrhundert kam es zu wegweisenden Entwicklungen: Ein selbstständiger Apothekerstand wurde gegründet, und die ersten städtischen Apotheken eröffneten ihren Betrieb.

„Alle Ding sind Gift und nichts ohn Gift. Allein die Dosis macht, dass ein Ding kein Gift ist." Paracelsus war ein berühmter Arzt der Renaissance, der zu Lebzeiten auf sich aufmerksam machte, als er die Machtlosigkeit der überlieferten Medizin gegenüber der Ausbreitung der Pest anprangerte. Seine Aussage, dass erst die Dosis darüber entscheidet, ob etwas giftig oder ungiftig ist, gilt noch heute.

Seit wann gibt es Apotheken?

Wer war Paracelsus (1493–1541)?

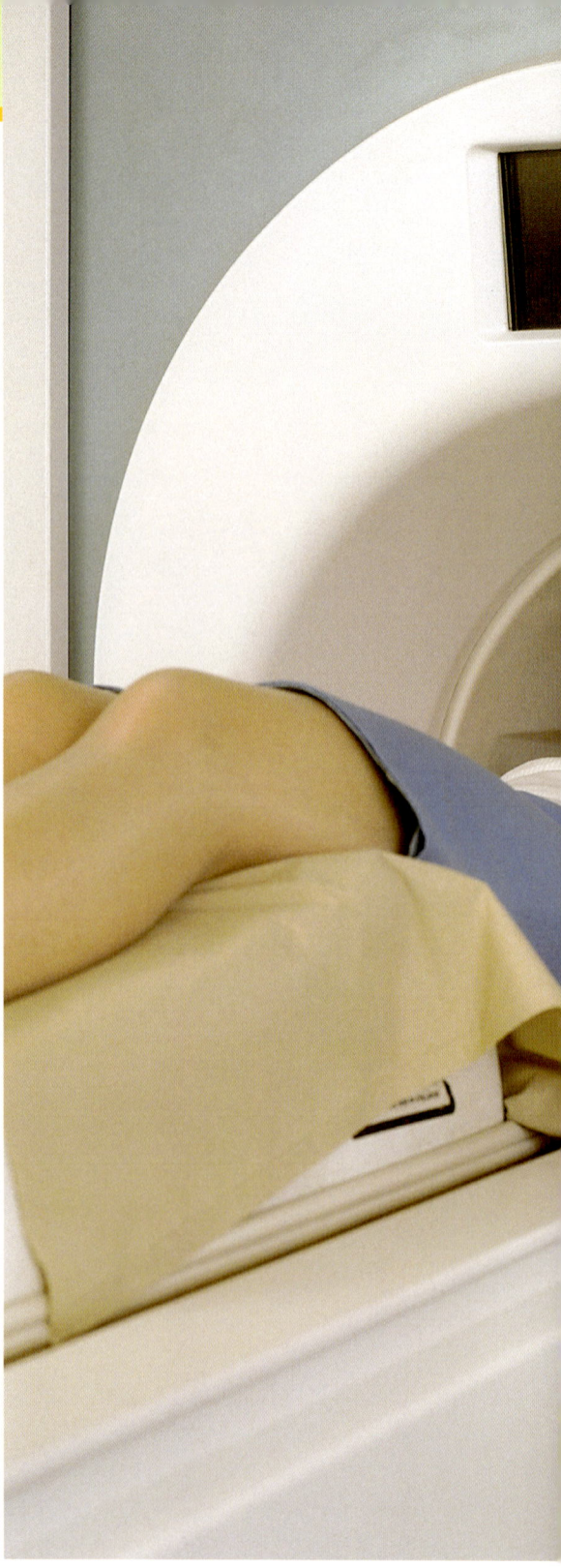

Was zeichnet die moderne Medizin aus?

Durch viele neue Entdeckungen in den letzten hundert Jahren kam es zu großen Fortschritten: Verfahren, die innere Körperschäden nachweisen (z. B. Labormedizin, Ultraschall-Diagnostik), ermöglichen, dass man den Patienten nicht erst operieren muss, um sich ein genaues Bild von der Krankheit zu verschaffen. Mehr Wissen über Krankheitserreger hat zu hohen Standards in der Hygiene der Operationsverfahren geführt.

Was ist Medizintechnik?

Technische Geräte unterstützen diagnostische und therapeutische Massnahmen. Man findet sie vor allem in der Chirurgie, Intensivbehandlung, Strahlenbehandlung und im Rettungswesen.

Was sind bildgebende Verfahren?

Wilhelm Conrad Röntgen entdeckte 1895 die Röntgenstrahlen. Sie werden von harten und dichten Materialien absorbiert, während durchlässigeres Material die Strahlen durchlässt. Das ermöglicht, Bilder aus dem Körperinneren zu erstellen. Eine verfeinerte Methode ist die Computertomografie. Aber auch Verfahren ohne Strahlung wurden entwickelt. Die Kernspintomografie bedient sich magnetischer Felder, um unterschiedliches Gewebe darzustellen.

Die Blüten der Linde werden zu Heilzwecken bei Erkältungen eingesetzt, meist als Teeaufguss.

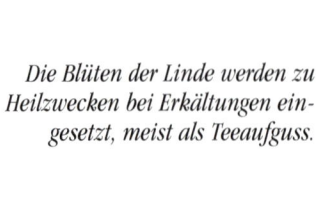

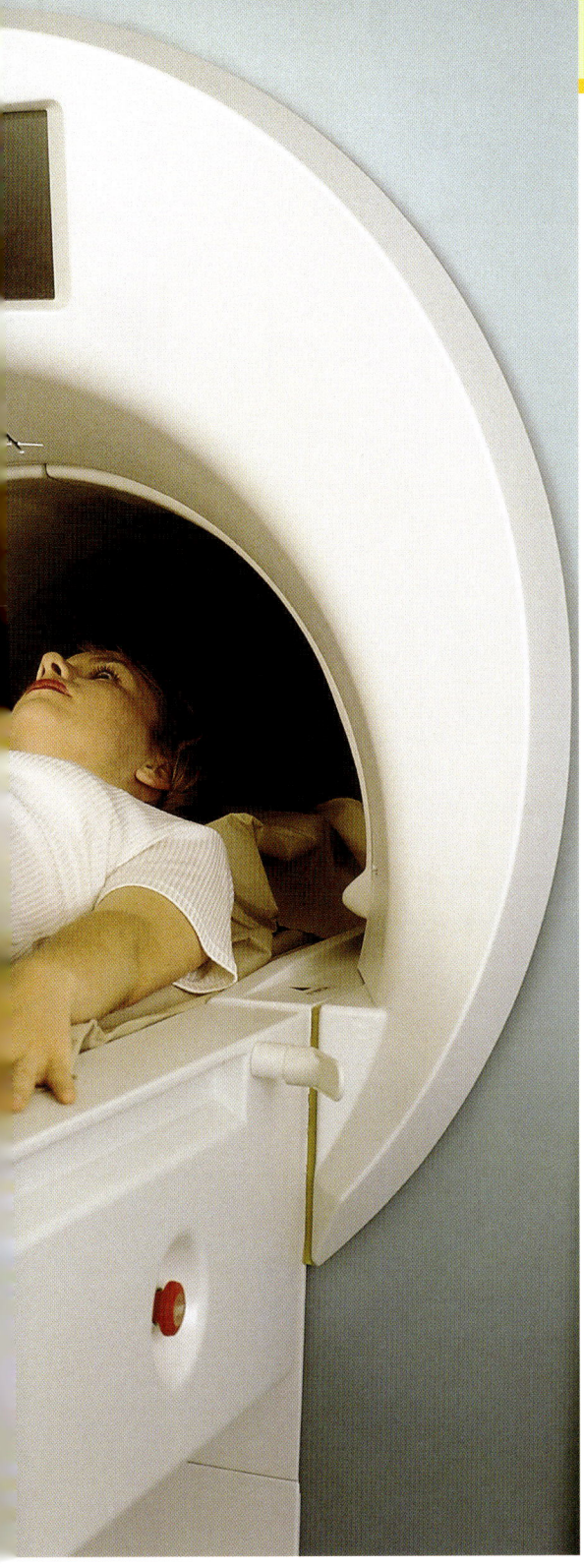

Prothesen sind ein künstlicher Ersatz für fehlende Körperteile. So kann man Zähne bis hin zum vollständigen Gebiss (die „Dritten Zähne") ersetzen. Im Alter oder nach Unfällen werden zuweilen Gelenke ersetzt, z. B. Hüft- und Kniegelenke.

Wozu dienen Prothesen?

Sie beschäftigt sich mit der Heilung von Krankheiten durch naturgegebene Einwirkungen. Es wird davon ausgegangen, dass der Organismus sich selbst heilen kann, zur Unterstützung greift man zu natürlichen Behandlungsmaßnahmen. Damit setzt sich die Naturheilkunde von der so genannten Schulmedizin ab. Heutzutage geht man davon aus, dass sich Schulmedizin und Naturheilkunde gegenseitig ergänzen.

Was ist Naturheilkunde?

Enthalten Pflanzen Stoffe, die zur Heilung beitragen, also so genannte Wirkstoffe, nennt man sie Heilpflanzen. Die Pflanze kann als Ganzes verwandt werden oder aber nur Teile von ihr.

Was sind Heilpflanzen?

Äußerlich angewandt hilft Kamille bei Entzündungen der Haut und Schleimhäute. Als Tee getrunken, lässt sie Beschwerden im Magen-Darm-Trakt abklingen.

Was bewirkt Kamille?

Ein Patient wird in einem Kernspintomografen untersucht. Dazu wird er in die Röhre gefahren.

Die Blüten der Kamille enthalten zahlreiche Wirkstoffe.

Wann nimmt man Lindenblüten?

Lindenblüten werden als Tee bei Erkältungskrankheiten verabreicht. Der Tee fördert das Fieber und unterstützt somit den Heilungsprozess.

Wer war Samuel Hahnemann?

Er arbeitete Ende des 18. Jahrhunderts als Arzt und begründete das homöopathische Prinzip „Ähnliches mit Ähnlichem zu heilen". Das bedeutet, dass eine Substanz, die bei Gesunden bestimmte Krankheitsanzeichen auslöst, Kranke mit diesen Krankheitsanzeichen heilen kann.

Was ist Homöopathie?

Die Homöopathie versucht mittels ausgewählter Substanzen, die Selbstheilungskräfte des Körpers anzuregen. Sie geht davon aus, dass Symptome nicht von der Krankheit ausgelöst werden, sondern von der Reaktion des Körpers, der die Krankheit bekämpft.

Was sind alternative Heilverfahren?

Ihre Wirkungsweisen sind oft (noch) nicht eindeutig wissenschaftlich nachgewiesen. Dazu gehören traditionelle Verfahren, wie Ayurvedische Medizin, oder neuere Entwicklungen wie die Bach-Blüten-Therapie oder die Bioresonanztherapie. Allen gemein ist eine ganzheitliche Betrachtung des Menschen.

Der Trapezmuskel wird während der Massage geknetet, damit sich die Verspannungen im Nackenbereich lösen.

Ein Chirotherapeut löst eine Blockade im Schultergelenk mittels manueller Therapie.

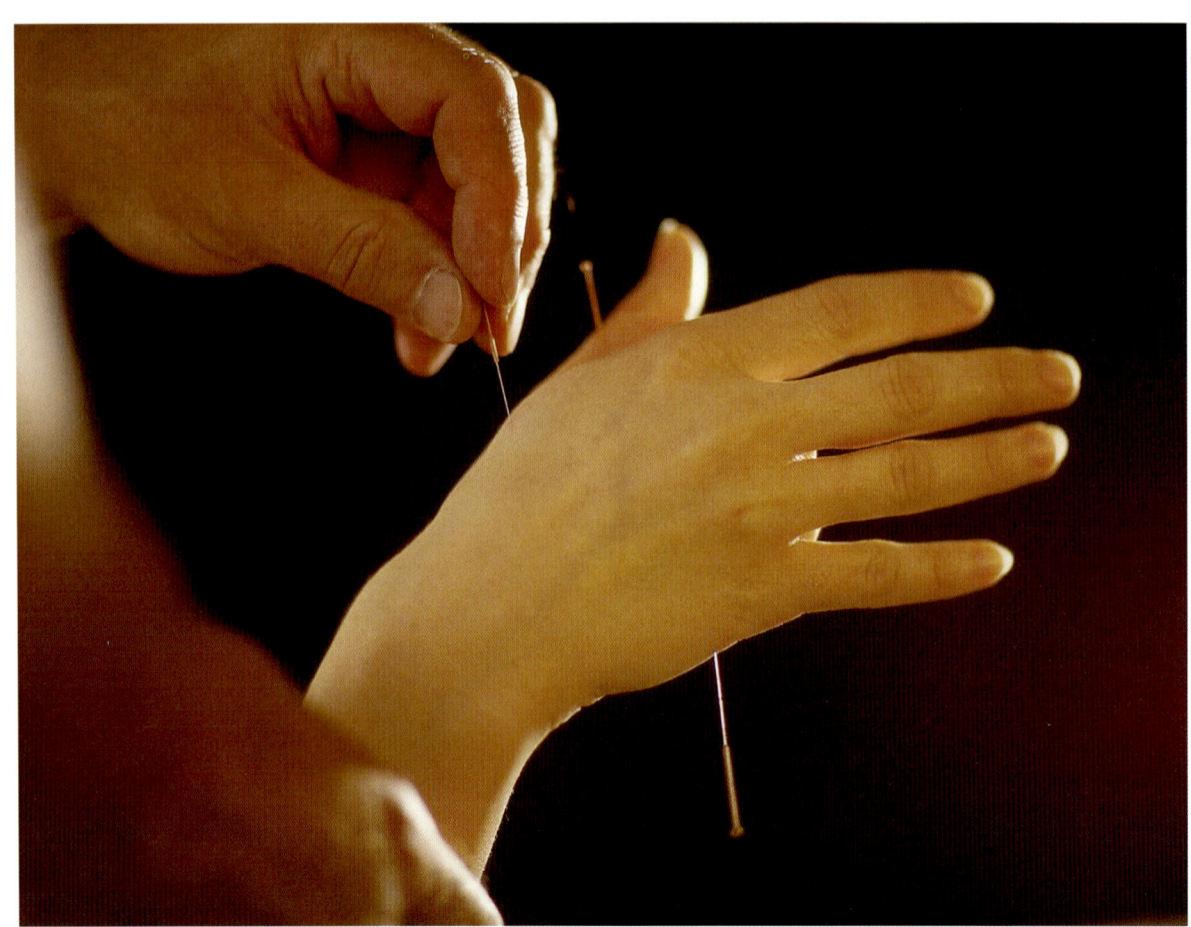

Akupunkturnadeln werden an ganz bestimmten Punkten in die Oberfläche der Haut eingedreht.

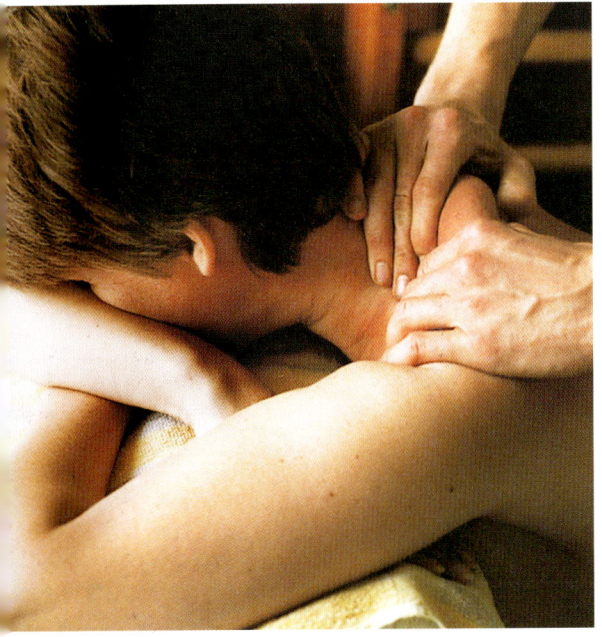

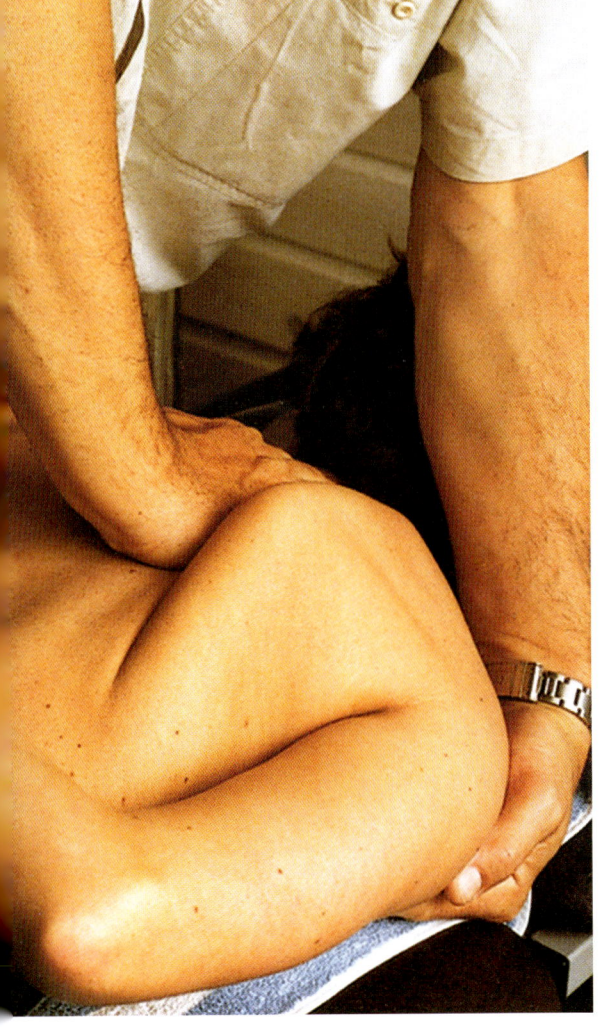

Die Traditionelle Chinesische Medizin (TCM) fand ihren Anfang etwa 2000 Jahre vor Christus im alten China. Ihrer Ansicht nach entstehen Krankheiten, wenn im Menschen die beiden gegensätzlichen Urkräfte Yin und Yang durch innere oder äußere Störungen aus dem Gleichgewicht geraten. Bekannte Verfahren in der TCM sind Akupressur, Akupunktur, Tai Chi und Qigong.

Was ist Traditionelle Chinesische Medizin?

Nach den Vorstellungen der TCM verlaufen auf der Körperoberfläche bestimmte Bahnen, die das gesamte Organsystem abbilden. Diese Bahnen werden Meridiane genannt. Auf den Meridianen liegen Projektionspunkte des vegetativen Nervensystems. An diesen Akupunkturpunkten werden kleine Nadeln eingestochen, die zusätzlich erwärmt werden können. Durch die Reizungen wird der Heilungsprozess eingeleitet.

Was wird bei der Akupunktur gemacht?

Wenn die Beweglichkeit des Rückens und der Glieder eingeschränkt ist, kann die Manuelle Therapie helfen, die Blockaden zu lösen. Der Behandler gibt mit Hilfe geübter Griffe einen kleinen Bewegungsimpuls an das Gelenk. Meist tritt schlagartig Besserung ein.

Was ist manuelle Therapie?

Neben der so genannten klassischen Massage, bei der die Rücken- und Nackenmuskulatur mit den Händen in bestimmter Weise geknetet wird, gibt es noch die Bindegewebsmassage, die Fußreflexzonenmassage und die Unterwasserdruckstrahlmassage.

Welche Massagen gibt es?

Man empfindet während der Massage vielerlei wie Wärme, Berührung, Druck, Zug, Streichen und Schmerz. Das alles sind Reize, die die Selbstheilungskräfte im Körper mobilisieren sollen. Zudem wirkt Massage entspannend und ausgleichend auf das seelische Wohlbefinden.

Wie wirkt Massage?

Was ist eine psychosomatische Erkrankung?

Eine psychosomatische Erkrankung ist ein körperliches Leiden, das seine Ursache in einem seelischen Ungleichgewicht hat. Es gibt z. B. viele Menschen mit immer wiederkehrenden Migräneanfällen (Migräne ist ein besonders unangenehmer Kopfschmerz), denen durch psychologische Beratung und Veränderungen in ihrem persönlichen Umfeld eine Besserung oder gar Heilung ihrer Krankheit gebracht werden kann.

Warum können Menschen süchtig werden?

In wissenschaftlichen Untersuchungen wurde gezeigt, dass Menschen mit einem eher schwach ausgeprägten Selbstwertgefühl und sehr sensible Personen leichter süchtig werden als andere. Auch Menschen in Problemsituationen sind für Rauschmittel empfänglicher als ausgeglichene Menschen.

Wonach kann man süchtig werden?

Am bekanntesten ist die Sucht nach chemischen Substanzen, z. B. Heroin, Alkohol, Kokain oder Nikotin. Darüber hinaus gibt es allerdings auch Süchte anderer Art, z.B. Spielsucht oder Arbeitssucht. Süchtigen Menschen kann von Psychologen oder Ärzten in speziellen Kliniken geholfen werden.

Wie reagieren wir auf Überlastung?

Körper und Seele sind auf Erholungsphasen angewiesen. Reichen die Erholungsphasen nicht aus oder sind wir über längere Zeiträume überlastet, macht sich dies bei unserer Gesundheit bemerkbar. Plötzlich sind wir anfälliger für Krankheiten, haben vielleicht zu nichts mehr Lust und fühlen uns „ausgebrannt".

Was macht ein Psychologe?

Das Wort „Psyche" stammt aus dem Griechischen und heißt „Seele". Die Psychologie ist die Lehre vom Seelenleben. Ein Psychologe ist folglich jemand, der sich mit der Seele und den mit ihr zusammenhängenden Dingen beschäftigt.

Migräne ist ein chronisches Leiden, bei dem oft auch seelische Ursachen eine Rolle spielen.

Auch fanatische Glücksspieler leiden an einer Sucht, der so genannten Spielsucht. Sie schädigt allerdings weniger die Gesundheit, als vielmehr den Geldbeutel der Betroffenen.

Die Seele und seelische Erkrankungen sind in unserem Kulturkreis Themen, über die sehr wenig gesprochen wird. Schnell werden Menschen mit einer seelischen Erkrankung als „verrückt" abgestempelt. Dabei wird oft vergessen, dass seelische Krankheiten jeden betreffen und ebenso plötzlich wie körperliche Krankheiten auftreten können. Zur Vorbeugung seelischer Erkrankungen ist innere Ausgeglichenheit von großer Bedeutung.

Körperliche Aktivität hilft, seelische Spannungen abzubauen.

Bei einer Psychotherapie werden seelische und gefühlsmäßige Probleme eines Menschen mit Methoden aus der Psychologie behandelt. Der Patient erfährt dabei viel über sich und über die Beziehungen zu seinen Mitmenschen. Durch die Psychotherapie soll er in die Lage versetzt werden, sein Verhalten zu ändern, um seine Probleme lösen zu können.

Was passiert bei einer Psychotherapie?

Als Tic bezeichnet man das unbeabsichtigte und ständig wiederkehrende Zusammenziehen eines Muskels, sodass es z. B. zu ständigem Augenzwinkern kommt. Die Betroffenen können einen Tic nicht beeinflussen. Tics sind meist Ausdruck einer seelischen Anspannung, verschwinden in der Regel aber nach einem Jahr wieder.

Was ist ein „Tic"?

In einer so genannten Selbsterfahrungsgruppe treffen sich Menschen, um über sich und ihre Probleme zu reden. Durch die Einschätzung, die fremde Personen über einen äußern, kann man viel über sich selbst erfahren und zum Nachdenken gebracht werden. Geleitet werden solche Gruppen meist von einem Psychologen oder einem Psychotherapeuten.

Was erfährt man in einer „Selbsterfahrungsgruppe"?

Genau wie unser Körper kann auch unsere Seele krank werden. Diese psychischen Erkrankungen sind jedoch oft nicht so einfach zu behandeln, wie die körperlichen. Auch gibt es noch nicht sehr lange Medikamente, die bei psychischen Erkrankungen helfen.

Kann auch unsere Seele krank werden?

Die Bandbreite psychischer Erkrankungen ist groß. Es gibt z. B. Depressionen, Manien, Schizophrenien, Essstörungen, sexuelle Störungen oder Angststörungen. Manche dieser Erkrankungen können so stark ausgeprägt sein, dass die Betroffenen versuchen, sich zu töten.

Welche psychischen Erkrankungen gibt es?

Gibt es spezielle Krankenhäuser für psychisch Kranke?

Erkrankungen der Psyche können nur von speziell ausgebildeten Ärzten in so genannten psychiatrischen Kliniken behandelt werden. Als es in früheren Zeiten noch kaum Behandlungsmöglichkeiten für psychische Erkrankungen gab, hatten diese Einrichtungen mit großen Vorurteilen seitens der Bevölkerung zu kämpfen.

Was macht ein Werbepsychologe?

Ein Werbepsychologe kennt sich im Bereich des menschlichen Verhaltens und der Wünsche, die ein Mensch hat, sehr gut aus. Mit diesem Wissen berät er Werbeagenturen, die Werbespots oder Werbeanzeigen herstellen.

Gibt es auch Tierpsychologen?

Schon seit einigen Jahren gibt es auch so genannte Tierpsychologen. Sie arbeiten meist mit Haus- oder Zootieren, die in ihrem Verhalten oder ihrem Gemüt Auffälligkeiten aufweisen.

Geben Träume Einblick in unsere Seele?

In Träumen verarbeitet das Gehirn Ereignisse und Dinge, die uns tagsüber beschäftigt haben. Dies geschieht oft verschlüsselt und mit Symbolen, so dass uns manchmal ein Traum sehr rätselhaft vorkommen kann.

Das Träumen ist eine wichtige Funktion unseres Gehirns. Meist haben wir allerdings am Morgen vergessen, was wir in der Nacht geträumt haben.

Von einer Depression spricht man, wenn ein Mensch sehr stark niedergeschlagen und traurig ist und keinerlei Hoffnung mehr hat. Bessert sich die Stimmungslage nicht nach einiger Zeit oder treten Depressionen ohne erkennbare Ursache auf, sollte unbedingt ein Arzt aufgesucht werden.

Was ist eine Depression?

Unter dem Begriff Schizophrenie fasst man mehrere psychische Erkrankungen zusammen. Die betroffenen Personen fühlen sich manchmal verfolgt oder hören beispielsweise Stimmen, die andere Menschen nicht wahrnehmen.

Was ist Schizophrenie?

Sigmund Freud war Nervenarzt und Psychiater und lebte zwischen 1856 und 1939 in Wien. Er entwickelte die Psychoanalyse und war der Meinung, dass das Verhalten und die Gefühle eines Menschen durch unbewusste Wünsche und Konflikte gesteuert werden.

Wer war Sigmund Freud?

Menschen, die an einer Phobie leiden, haben vor etwas Angst. Das können die unterschiedlichsten Dinge sein. Es gibt z. B. Menschen, die eine Spinnenphobie haben, oder Menschen, die Angst vor dem Fliegen haben.

Was ist eine Phobie?

Alkoholsucht ist nicht einfach eine schlechte Angewohnheit, sondern eine Krankheit, die behandelt werden muss.

Erholung und Entspannung in freier Natur sind für das seelische Gleichgewicht ausgesprochen wichtig.

Bildquellen: MEV (50), Miles Kelly Art Library (38), Photodisc (37), Picture Alliance (1), Uitgeverij Het Spectrum, B. V, (46); Covermotiv: Getty